学夏北浩精神
做夏北浩传人

夏北浩自述

牛强军——编著

航空工业出版社

北京

内 容 提 要

《夏北浩自述》共收录夏北浩的发言稿 6 篇、自传 1 篇和夏北浩总结的维护歼 -6 飞机的“133 条”经验。这些文献资料较为系统和详细地讲述夏北浩对工作极端负责、精心维修、一丝不苟、精益求精的感人事迹，阐述“夏北浩检查法”产生的原因和提炼、总结、学习、推广的过程，及其影响、作用和历史地位，展示其中蕴含的先进思想、优良作风、过硬技术和科学方法的精神内涵。

《夏北浩自述》是夏北浩系列丛书中最重要的一本书，是学习夏北浩事迹的来源，具有先导性和指导性作用。

图书在版编目（CIP）数据

夏北浩自述 / 牛强军编著 . -- 北京 ：航空工业出版社，2024.8. -- ISBN 978-7-5165-3808-1

Ⅰ.K825.2

中国国家版本馆 CIP 数据核字第 20241R4E40 号

夏北浩自述

Xia Beihao Zishu

航空工业出版社出版发行

（北京市朝阳区京顺路 5 号曙光大厦 C 座四层　100028）

发行部电话：010-85672688　010-85672689

三河市双升印务有限公司印刷　　全国各地新华书店经售

2024 年 8 月第 1 版　　2024 年 8 月第 1 次印刷

开本：710 × 1000　1/16　　字数：65 千字

印张：8　　定价：39.00 元

夏北浩检查法

三个负责：对战斗胜利负责，对战友安全负责，对国家财产负责。

三想：工作前想上级的规定和要求，工作中想方法和步骤，工作后想有没有遗漏。

四到：该看到的看到，该摸到的摸到，该听到的听到；该嗅到的嗅到。

四个一样：领导不在场与在场一样，冷天、热天与一般气候条件一样，飞机没有故障与有故障一样，飞行结束晚与结束早一样。

两化：检查飞机路线化，操作程序化。

三要：要积累经验摸规律，掌握渐变防突变；要做好经常性的维护保养工作；要对飞机了如指掌。

航空机务优良维护作风

认真负责　准确迅速　团结协作　刻苦耐劳

机务人员六项素质

崇高的革命理想　严谨的科学态度　精湛的业务技术

优良的维修作风　严明的组织纪律　良好的身体素质

航空机务职业道德规范

极端负责　精心维修

前　言

本书收录夏北浩的发言稿6篇、自传1篇和夏北浩总结的维护歼-6飞机的“133条”经验。

《在推广“夏北浩检查法”现场会议上的发言稿》，是1964年6月，空军工程部在鞍山基地召开推广“夏北浩检查法”现场会，夏北浩在会议上的发言。参加此次会议的有各军区空军工程部长(外场处长)、基地工程部长和部分基层工程机务干部，共95人。会议确定全空军宣传夏北浩事迹，学习推广普及“夏北浩检查法”，并于会后经空军党委批准决定：将夏北浩事迹印成小册子发给机务人员学习；请夏北浩在机务部队作报告；通过《空军报》《航空杂志》宣传“夏北浩检查法”；在地勤航校教材中增加“夏北浩检查法”的内容。

《夏北浩同志谈检查维护飞机》，原载1964年《航空杂志》第九期，由航空杂志社编辑整理。收录在1991年4月空军航空工程部编写的《机械师尖兵——夏北浩》。

《毛泽东思想哺育了我》，原载1964年9月12日《空军报》。收录在1991年4月空军航空工程部编写的《机械师尖兵——夏北浩》。

1973年4月的《夏北浩思想自传》一文，为夏北浩档案资料，收录在空军航空兵第一师政治部出版的《永远的丰碑——机械师尖兵夏北浩》。

《发扬艰苦奋斗精神　搞好机务部队建设》，是夏北浩在1978年在空军学雷锋、学硬骨头六连、学航空兵一师先进代表大会上的发言。收录在1991年4月空军航空工程部编写的《机械师尖兵——夏北浩》。

1978年6月25日至28日，夏北浩先后在唐山、遵化，向参加北京军区空军召开的整顿机务工作经验交流会的100多名代表和唐山、遵化两个机场的500多名机务人员传经送宝、做报告，还为与会代表和机务人员现场做了检查飞机的示范表演，并对一些机械师进行了检查飞机的带教。其中，1978年6月25日，在唐山机场，夏北浩做了《艰苦奋斗 继续革命 努力战斗在机务工作第一线》的报告；1978年6月27日，在遵化机场，夏北浩做了《谈谈如何做好飞机维护工作》的报告。两篇报告原载1978年7月北京军区空军航空工程部出版的《学习夏北浩 推广“夏北浩检查法”》一书中。

《维护歼-6飞机的“133条”经验》是夏北浩在维护歼-6飞机过程中，日积月累，归纳出的133条经验教训。

收集夏北浩本人的报告、讲话、自传和技术文献，是整理夏北浩系列文献资料最为重要的工作，也是最为困难的工作。虽然各地四处奔波、穷尽途径方法、时时处处注意，但收集到的资料实在有限，这项工作只能用“可遇不可求”来形容，能做的只有静下心、慢慢地找、细心地寻，天道酬勤。

目 录

在推广“夏北浩检查法”现场会议上的发言稿

1964年6月11日

各位首长和同志们：

今天我能和首长和同志们在一起，这使我非常高兴，因为首长和同志们带来了很多宝贵的经验，也是我学习的好机会。今天，我能在这里讲几句话，既使我无限的高兴，但是更使我惭愧。因为自己的工作做得很差，离党和首长对自己的要求差得很远，没有给党、给人民作出什么成绩。自己只不过是做了一点应该做的事情。如果说还有一点成绩的话，这完全应该归功于党和上级领导对自己的教育和培养，归功于同志们的帮助。谈到自己，那是微不足道的。我也深深地感到，一个人如果离开了党，就会一事无成，一个人如果离开了群众，他就会像一条鱼离开了水一样，就会失去了生命的机会，就像一个鹰离开了鹰群一样，它就会孤苦伶仃。如果谈到检查法的话，那是在上级的领导下，与刘文华、张文成等机械师的共同研究，以及广大群众的支持和帮助的结果。现在将我几年来如何用毛主席思想来改造自己的思想、指导自己的工作向首长汇报一下。

我是广东人，在 1949 年从一个贫苦的家庭解救以后，使我得到了生命的机会，使我得到上学读书的机会，使我的生活一天天好起来，这一切的一切，使我深深感恩解放军、共产党、毛主席的恩情。如果不是解放军，不是共产党、毛主席领导得好，我也不知道会成了什么样子。大家想一想就会知道，在那黑暗的旧社会里，像我这样一个穷人家庭出身的孩子会有什么活路。我入伍以后，被分配到四川第十三航空学校学习，在航校学习时，在反右派斗争的过程中，使我深深地感到自己的水平低，因为右派分子所说的很多反党反人民的言论自己分辨不清，什么“党天下”“青一色”“英口”“海德式公园”等……自己当时不知道怎么回事，有的知道是错的，也是恨他们，却没有什么道理驳斥他们。通过反右斗争，使我深深地感到，光有革命的干劲儿没有革命的道理还是不成的。在反右斗争的过程中，我们每一个人都学了一本《正确处理人民内部矛盾》的书。经过反复看这本书，使我懂得了不少的东西，特别是使我懂得了什么是敌我矛盾，什么是人民内部矛盾，怎样去处理这些矛盾，更加使我懂得了毛主席提出的反对浪费、提倡勤俭节约的方针的重要性。航校毕业到部队以后，经过许多政治运动，使我的思想不断得到提高。特别是1960年“两忆三查”以后，使我受到一次深刻的阶级教育。以后，军委又提出“读毛主席的书，听毛主席的话，照毛主席的指示办事，做毛主席的好战士”，掀起了一个活学活用毛主席著作的热潮以后，经过领导的教育，使我认识到，是毛主席领导得好，才解放了自己，使自己过着这样幸福的生活，现在又当上了一个光荣的解放军战士，党把维护飞机这样的重担交给自己，这是党和人民对自己的信任。我们来当兵是为了保卫祖国，现在党和人民把这样好的武器交给我们维护，是为了我们更好地去保卫祖国，我们的工作做得好坏，是关系到战斗的胜败、关系到阶级兄弟的生命、关系到国家财产的重大问题。只有很好地读毛主席的书，听毛主席的话，很好地改造自己的思想，努力学习，努力工作，才能完成党和人民交给自己保卫祖国的光荣任务，才能对得起党和毛主席，特别是经过学习雷锋以后，使我深深感到雷锋之所以能够成为毛主席的好战士，就是因为他活学活用毛主席著作，不断改造自己的思想，时刻用毛主席的思想来指导自己的工作和行动。雷锋同志说过："人的生命是有限的，可是为人民服务是无限的。"他把自己有限的生命投入到无限的为人民服务中去，所以他成为我们每一个活着的人学习的榜样。雷锋是一个穷人家庭出身的孩子，是一个解放军战士，他能做得这样好。我也是一个穷人家庭出身的孩子，也是一个解放军战士，应该很好地向他学习，把自己有限的生命贡献给我们空军建设的事业中去。

但是，因为自己对学习毛主席著作认识得不足，重视得不够，因而没有学好，只有非常肤浅地学了一点，通过一点点的学习，也使我得到了启发。经过学习《为人民服务》《纪念白求恩》等文章后，使我初步树立了为人民服务的思想，热爱自己的工作。当我学习了《关于重庆谈判》文章后，毛主席在文章里说："什么叫工作，工作就是斗争。哪些地方有困难，有问题，需要我们去解决。我们是为着解决困难去工作、去斗争的。越是困难的地方越是要去，这才是好同志。"因此自己在工作中，不管严寒和酷暑，从不叫苦叫累，领导叫干什么就干什么，从不打折扣，无论领导交给自己什么工作，都积极主动地去完成。

通过毛主席著作的学习，使我深深感到，我们是干机务工作的，维护飞机是一个比较复杂的科学。毛主席教导我们说："科学是一种老老实实的学问，任何一点调皮都是不成的。"我想，对于我们直接维护飞机的机务人员来说，贯彻落实条令条例是做好机务工作的根本保证。因为条令条例是经过很多人长年累月艰苦劳动，付出了极大的代价，甚至付出鲜血和生命这样的代价总结出来的结晶，是经过反复实践的科学。可是如何能贯彻落实好条例，对自己来说是一个重要问题，要想贯彻落实好条例，就必须对条例领会通、记得熟，才能会做。毛主席在《中国革命战争的战略问题》一文里说过，"不论做什么事，不懂得那件事的情形，它的性质，它和它以外的事情的关联，就不知道那件事的规律，就不知道如何去做，就不能做好那件事。"如果对条例领会得不深，记得不熟，就无法能按条例去做，更谈不上贯彻好条例。可是如何把条例内容记熟，真正落实到检查飞机上，这对于自己来说，确实是一件难事，因为自己的文化低。经过毛主席著作的学习，使我提高了认识，毛主席在《正确处理人民内部矛盾》一文里说过："任何新生事物的成长都是要经过艰难曲折的。在社会主义事业中，要想不经过艰难曲折，不付出极大努力，总是一帆风顺，容易得到成功，这种想法只是幻想。"因此自己经常学习条例，把条例规定内容记熟，并对照条例内容在飞机上反复检查。

通过毛主席著作的学习，使我深深感到，要想做好工作，必须很好地学习别人的先进经验和失败教训。毛主席在《中国革命战争的战略问题》一文说过：“经验对于干部是必需的，失败确是成功之母。但是虚心接受别人的经验也属必需。如果样样要待自己经验，否则固执己见拒不接受，这就是十足的狭隘经验论”。毛主席还在《对晋绥日报记者的谈话》里说过：“把别人的经验变成自己的……慢慢地使自己的实际知识丰富起来……使自己成为有经验的人，这样，你们的工作才能做好”。这对于自己是非常必要。论工作经验没有，如果要待自己发生问题再去接受教训，那已经给党、给国家财产造成损失。因此在工作中要很好地向别人学习，那个飞机表现什么故障、怎样表现的，那个飞机发生什么问题、怎样发生的，我都去进行访问请教，来充实自己的知识，检查自己的飞机。

但是，因为59式飞机条例里规定的内容比较乱，既不集中，又没有小路线，如果按照条例等的顺序去检查的话，就会东一条、西一条，这样没有一个顺序，检查时容易漏掉内容。所以我想，如果把条例内容按照一定的顺序路线重新排列一下，检查就会方便了。因而在实际工作中不断摸索、修改，并按照路线顺序去检查，这样有一个顺序路线，就能把条例内容真正落实到飞机的检查上去，这样就不容易漏项，也容易发现问题。

几年来，在自己的工作中还存在着不少的缺点，有些应该做好，而且完全能够做好的工作，因为自己主观努力不够而没有做好，给党、给工作带来了损失。但是我有信心和决心，在党的领导下，在今后的工作中很好地向同志们学习，不断提高自己，努力工作，坚决完成党交给自己的任务，一定不辜负首长对自己的期望。我的发言不好，请首长批评指正。

鞍山基地机械师　夏北浩

1964 年 6 月 11 日

夏北浩同志谈检查维护飞机

航空杂志社编辑整理

我是空一师某团机务大队一中队的机械师。从 1957 年入伍以来，在党的培养教育和上级领导的具体帮助下，通过向有机务维护经验的同志们学习，几年来保证了飞行安全，摸了一些检查、维护歼-6 飞机的方法。

迎着困难前进

我曾经碰到过不少困难。我是个广东人，在航校学习时，一开始听不懂普通话，再加上文化很低，教员讲的什么空气呀、动力呀都听不懂，这个公式、那个定律更是莫名其妙，真是急死人。班长陈其旺同志看透了我的心思，就对我说：“文化低不能怪我们，这是旧社会造成的。急没有用，要下决心学。”我越想越觉得他的话对。解放前，我的祖母、父亲和两个姐姐，相继饿死了，哥哥躲壮丁逃到外地去做工，我八岁下田干活，那个时候饭都吃不饱，哪有钱上学呢？现在党送我进了航空学校，有这样好的条件，怎么能够因为听不懂话有困难就不学了吗？从此，我就把班长和能听懂普通话的广东籍同学当成老师和翻译，每次课后三番五次地找他们给我补课。自己接受能力差，记不住，就早起、晚睡，节假日不休息，抓紧一切时间进行复习。在教员的耐心教导和同志们的热情帮助下，我终于毕业了，每门功课都得到了五分。

1958 年 6 月，我从航校毕业来到部队。第一次到东北，在零下二三十度维护飞机，感到有些吃不消。当时曾经这样想：同样是为人民服务，能不能让我到南方去呢？领导知道我有这种想法，就启发我从毛主席著作中去找答案。我学习了《为人民服务》和《纪念白求恩》两篇文章，当看到毛主席说“张思德同志是为人民利益而死的”，白求恩同志“不远万里，来到中国”“他对工作的极端的负责任，对同志对人民的极端的热忱”这几句话时，感到自己这种“拈轻怕重，把重担子推给人家，自己挑轻的。一事当前，先替自己打算”的想法，实在太不应该了，这不是革命的思想。从此以后，我就加强锻炼，冬天用冷水洗脸，多在户外活动，尽量不戴手套，慢慢地也就适应了东北的气候。

我在航校，学的是米格–15 比斯飞机，到部队先是维护歼–5 飞机，不到两个月就改装歼–6 飞机。这种飞机比较复杂，开始时大家都缺乏经验，碰到了许多问题，在部队里一度流传着这样的话："歼–6 飞机有两大一高（速度大，振动大，发动机温度高），三个不能比（超音速飞机和亚音速飞机不能比，双发歼击机和单发歼击机不能比，带雷达的飞机和不带雷达的飞机不能比），出点问题是难免的，千次率高是必然现象。"我的底子原来就很薄，又没有参加歼–6 飞机改装学习，就更加感到困难。当时我学习了《愚公移山》这篇文章，受到了很大的鼓舞，心里想：愚公挖走了挡住他家出路的太行、王屋两座大山，中国人民挖掉了压在头上的帝国主义、封建主义两座大山，难道我就给眼前这一点点困难吓住不成？再说，飞机是死的，人是活的，只要人听党的话，飞机就一定能听人的话！于是我就向中队里的老机械师、老机械员学习，在他们的热情帮助下，我慢慢地掌握了维护这种飞机的技术。

1961 年 7 月，领导让我代理机械师工作，可巧，头一次帮助飞行员开车，就没有成功，再次开车虽然成功了，但是耽误了一分钟。这件事使我感到非常难受，我想：平时开不起车来，会影响训练，浪费国家财产；战时开不起车来，就会贻误战机，造成不可弥补的损失。新的工作要求我去学习新的本领。以后，我就开始练开车的动作，同时，积极地向有经验的机械师学习怎样组织机组人员做工作、怎样订计划、怎样全面检查飞机等问题。

一系列的事实教育了我，使我牢牢地记住了毛主席说过的这样一句话："我们要承认困难，分析困难，向困难作斗争。世界上没有直路，要准备走曲折的路，不要贪便宜。"我深深地体会到，只要不怕苦，不怕难，虚心学习，以"愚公移山"的精神迎着困难前进，就一定能做好工作。

让条例条条落实

当了机械师就要全面检查飞机。检查的规定很多，歼–6 飞机光飞行前后、再次出动准备，条例里规定的检查内容就有 149 条、347 条，还有几十个数据。这些都是过去经验教训的总结，是做好飞机检查工作的依据。毛主席说："科学是老老实实的学问，任何一点调皮都是不行的"。我看到有些人，贯彻条例不认真，结果发生了问题，甚至造成事故。我自己没有经验，也拿不出新点子，更应该老老实实地按照条例规定办事。因此，我就下决心下苦功夫记熟条例，从贯彻条例入手来做好飞机检查工作。我经常将条例带在身边，有时间就看几段，睡觉前背上几段；每次检查飞机都按条例一条一条地做，检查完了，再对照条例看看是否有遗漏。这样学了用、用了学，反复学、反复用、反复对照，才把条例记熟了。去年休假后刚回到部队，正赶上测验条例，我还没来得及复习，基地工程部长一连问了我 12 个问题，我都答对了。

学条例的目的是为了用。但有些检查项目由于物质条件的限制，不大好执行。像条例规定飞行后要测定涡轮惯性转动时间，有些人因为没有手表就不做了。我感到不按照条例做是不应该的，能不能采取数数的办法来计算时间呢？经过多次练习，1 分钟正好是数 125 个数。以后每次飞完最后一个起落，听到飞行员一关车，我就开始数数，数到涡轮停止转动为止，这样计算时间既准确又省事。又如，条例规定要测量各种间隙有没有变化，但是，在实际工作中，机务人员往往只是凭感觉来判断，有些不好测量的地方甚至就不测量了。为了贯彻条例，及时掌握各种间隙的变化情况，我在解刀上刻上标准刻线，检查时用解刀代替量具，把解刀固定在一个位置来测量各种活动部位的间隙。这样做比较方便，可以根据条例的规定，经常测量各种间隙，发现有可疑的地方，再找量具来测量一下，就可以解决一些问题。另外，有些间隙，如飞机操纵杆活动间隙，条例只规定不超过 18 毫米，但是从根部还是从端部测量，过去大家都不知道，也不测量它。我想，既然条例上规定了这一条，就一定要贯彻。经过请教工厂来的同志，搞清楚了测量点的位置，想出了一个简便的测量方法：用一张白纸，划上 20 毫米刻度，贴在仪表板上并与驾驶杆测量点成水平，检查时把副翼夹好，用解刀通过驾驶杆上放减速板按钮的缺口，对准仪表板上的纸条，这样，轻轻一摇驾驶杆一比划就知道空移行程是多少了。

我在实际工作中体会到，当飞行结束得很晚、天气不好、飞行比较顺利、飞的起落不多、飞行员没有反映、飞行后当天晚上有电影等情况下，机务人员检查飞机最容易马虎。为了认真贯彻条例，养成良好的维护作风，我给自己提出了 6 条要求：夜间工作不受影响，晚上看电影收班晚不受影响，星期六下午工作不受影响，飞行员有没有反映不受影响，起落飞得多或少不受影响，快要做或刚做过定期工作不受影响。越是在这些情况下，越要把飞机检查好才收班。这几年，我们机组一直按照这些要求去做，逐渐养成了这样的习惯：不管是一般气候条件还是热天、冷天，不管飞机有故障还是没有故障，不管飞行结束得早还是晚，不管领导在场还是不在场，都一样地按照条例的要求，认真地检查飞机，直到工作结束为止。

路线化和程序化

按条例检查飞机，做工作就有了依据。我认为，认真按条例检查飞机，及时发现飞机的各种问题，不让故障上天，这是机械师的根本职责。但是，条例的内容很多，不好记，同时规定的条条和检查飞机的实际情况并不一样；按照条例的项目顺序检查飞机，就会东一条、西一条，来来回回跑，拖长检查时间，容易漏掉项目，有些问题就检查不出来。毛主席说："不论做什么事，不懂得那件事的情形，它的性质，它和它以外的事情的关联，就不知道那件事的规律，就不知道如何去做，就不能做好那件事。""不能采取各种正确的有效的工作方法，那就会立刻影响到工作的成效"。我想，如果能把飞机上各个机件和设备的关联搞清楚，找出一种正确的有效的检查方法，既不漏项，又能及时发现问题，那该有多好啊！于是我就在工作中摸索试验，和有经验的机械师研究。

开始时，我按照自己的习惯检查路线，把条例内容的次序作了调整，重新编了组，顺着实际检查路线来记和用条例，就感到比较得心应手。以后，基地工程部张启学部长到我们机组蹲点。他看到我检查飞机比较有条理，发现问题比较多，就帮助我总结经验，把他多年积累的经验传授给我，并且组织有经验的机械师共同研究检查飞机的方法。在张部长的跟班指导下，我们根据歼–6飞机的构造特点，把飞机分成机身前部、右机翼、机身后部、左机翼、左发动机舱、右发动机舱和座舱7个部位。每个部位又以安装机件最密、检查内容最多的地方为集中点，画出小路线，把所有机件都串联在路线上。比如，发动机舱内空间狭小，系统复杂，机件交叉重叠，过去检查时往往一看一大片，不知看什么机件好。现在我们按着液压系统附件和管路、操纵系统、发动机主体和附件、舱盖的顺序进行检查，形成了一条反“巨”字形的小路线，检查起来就方便多了。

每个部位的小路线，都有它的检查起点和终点。前一部位的检查终点和后一部位的检查起点紧紧相连，像机身前部的检查终点，就紧靠着右机翼的检查起点，这样前后衔接，就串成了一条检查飞机的大路线。每个部位的小路线，又自成独立系统，与相邻部位的小路线界线分明，如检查翼根包皮螺钉的紧度，凡固定在机身上的属于机身部位的检查路线，固定在机翼上的属于机翼部位的检查路线。这样检查飞机可以一个部位一个部位地进行，便于机组分工，责任落实；便于逐个部位地苦练技术；在检查飞机过程中，也不会由于中途配合专业人员工作而漏检。

在制定各个部位的小路线时，我们吸取了历年来已经形成的好的检查习惯，改变了一些不好的检查习惯。比如，一般检查完左翼根就上飞机去检查发动机舱，我们就将左机翼部位的检查终点安排在左翼根前缘。检查发动机喷管，有些人习惯检查完右边的就检查左边的，这样很容易把方向舵漏掉，我们就在小路线上规定：先检查右发动机喷管，再检查方向舵，然后检查左发动机喷管。这样长期坚持着做，就养成了好的习惯，堵塞了漏洞。

有了小路线，检查飞机时就漏不了机件，但是，每个机件应该先检查什么，后检查什么，怎样检查才能既快又好，还是个问题。在张启学部长的指导下，我们根据每个机件的构造特点和大家积累起来的经验，来安排它的检查程序。条例规定的检查项目，有些是直接看得见、摸得着的，我们就顺着检查路线来安排检查程序，并且用几个字、几句话来概括检查的方法和具体的动作。比如，检查前机轮，是按照“右边由里及外，一点五圈”“左边由外及里，五圈一点”的顺序进行的。左边第一圈检查轮胎表面有无露线、鼓泡、裂口，并根据轮胎压缩的程度，检查轮胎气压是否正常；第二圈检查有无错线；第三圈检查固定环的接耳有无裂纹，螺杆是否过紧过松；第四圈检查刹车钢套裂纹情况，刹车弹簧片是不是整齐；第五圈检查刹车盘的固定和保险；一点是检查机轮固定螺帽和惯性传感器的固定情况。又如检查副翼的方法是“三点两面一呼扇”，即先检查副翼的3个固定点有无活动间隙和清洁润滑情况，再检查上下表面有无裂纹、变形，然后用手扇动副翼，查看灵活性和间隙，听听有没有撞击声。检查完后，顺手压下副翼，使阻流片伸出来，这样到襟翼下面检查阻流片时，就不用再返回来扳副翼了。

还有一些检查项目，不是直接看得见、摸得着的，必须通过测量试验，才能判明机件工作的好坏。对于这类机件，我们就从检查动作上来安排检查程序。比如，检查刹车系统工作时，要判明轻刹、重刹、前轮刹车和系统附件工作情况，还要根据刹车放气时间判断机件内部有没有故障。过去，没有统一的检查方法，有的人往往要刹好几次车才能检查完，花的时间较长。我们经过研究，合理安排了检查动作的顺序：先用右手握刹车手柄轻刹车，接着转换到前轮刹车，再紧握手柄重刹到底，左右蹬舵检查刹车分配器的工作，松刹车手柄检查放气时间；再一次重刹到底，检查进气时间，然后放气，并左右蹬舵检查刹车分配器有无剩气。这样统一了方法，刹车两次就可以检查完，使用时间经济，冷气消耗少，又不会漏项。又如检查油门手柄时，要检查制动器的工作、油门的灵活性、前后极限位置的间隙和钢珠卡锁的情况，我们把这些内容安排在一次推拉油门过程中检查完。

我们在实践中体会到，把条例的内容连成串，按着路线检查飞机，就如同“顺藤摸瓜”，不走重路，不跑空趟，既节省时间，又漏不了项。每个机件有了检查程序，在检查飞机时，就能做到“紧张而有秩序”，而且能发现问题。

积累经验摸规律

毛主席说过：“把别人的经验变成自己的……慢慢地使自己的实际知识丰富起来，使自己成为有经验的人……这样，你们的工作才能够做好”。这句话给我的教育很深。我在各方面都不如别人，如果不认真向别人学习，就很难完成上级交给的任务。我心里常这样想：如果每个问题都要在自己飞机上发生了以后，才接受教训，那不知要损坏多少机件，造成多大的损失！因此，我经常找别人问一问，吸取他们的经验教训，弥补自己的不足。我的学习方法大体有以下三种：

一是上级讲评、传达通报时，我特别注意记经验教训，把它运用到自己的工作上去。有一次帮助 26 号机组检查压缩机叶片，我脱下皮工作服，钻进进气道内，仔细检查后，没有发现问题。当退出进气道附带检查蒙皮时，发现有些异样，我就想起了领导传达通报时说过的油箱增压过大造成进气道变形的事例，当时因为缺乏经验，做不出结论。这时我已经进去 20 多分钟了，浑身冻得发抖，但是，既然有怀疑，就应该弄个水落石出。于是我出来跑了几圈，身体暖和了一些，又爬进 28 号飞机的进气道查看。经过比较，肯定了 26 号飞机进气道蒙皮已经变形。后来拆下油箱一看，发现内蒙皮严重变形，有一条五尺多长的桁条已经弯曲，10 多颗铆钉都露出头来了。

二是送上门的经验抓住不放。去年师里组织“机组办学”，领导让有经验的刘文华机械师和我一起工作，我就向他学习怎样组织机组工作，怎样制定计划。和傅伯钧机械师一起工作时，我又向他学习记条例的方法。有时领导叫我到别的机组去帮助工作，每到一个机组，我就学习他们的长处，如七中队张景富机组团结得好，不管干什么工作，都互相提醒，有意见就互相提出来，我就学习他们这个“提醒和提出”的经验。

三是登门拜访。谁是技术尖子，谁有什么长处，我就经常向他请教。别的飞机发生了故障、排除了故障或拆装更换机件，我也跑去问一问，看一看，弄清楚故障发生前有什么征候，飞行员有什么反映，故障发生的原因是什么，怎样排除的，拆装当中发生过什么问题和应该注意些什么等等。特别是自己没有做过的工作，我就打破砂锅问到底。然后把他们的经验教训都记在小本子上，以便自己检查飞机排除故障时参考。如 1962 年冬天，25 号飞机拆离心活门，因为思想麻痹，认为“这么大的东西不会掉下去”，把垫好的擦布拿掉了，结果进油导管里的小油滤掉下去了，最后只得脱尾部。当时我也在机场工作，就去参加脱尾部。这一次不仅取得了教训，还增长了知识。

近几年来，我通过上面这些方法，在领导和同志们的指导帮助下，日积月累，共归纳出 133 条经验教训。这些经验教训，帮助我发现了不少问题，排除了不少故障。

飞机经过飞行以后，它的机械状况必然要发生变化，就是停在地面不动，也会因自然条件的影响而发生一些变化。毛主席在《党委会的工作方法》一文中指出：“对情况和问题一定要注意到它们的数量方面，要有基本的数量的分析。”“不懂得注意事物的数量方面，……不懂得注意决定事物质量的数量界限，一切都是胸中无‘数’，结果就不能不犯错误。”这句话对我启发很大。我想：如果把飞机所有可能变化的地方摸清楚，掌握它在量的方面的渐变情况，不也就可以及时发现和抓住问题，防止机件发生质的突变吗？从此以后，我检查飞机时就注意观察每一个机件的状况，特别是记住那些经常容易发生问题的机件的变化情况。哪个螺帽是什么形状的，哪个调整螺杆剩几扣螺纹，哪些地方容易裂纹，容易漏油、漏气，我都把它一一记下来。在实际工作中我体会到，熟悉飞机要靠平时登记。飞机飞了多少起落、多少时间，每次开车发动机的工作参数是多少，哪些机件什么时间到寿命，等等，都要“胸中有数”，不然就会漏掉应该做的工作，就不能及时发现问题。我们飞机的刹车胶带、操纵钢索，都没有在飞行过程中损坏，就是因为摸到了它们损坏的规律性，在地面加强了检查，及时更换了的缘故。去年 2 月 6 日，我看到别的飞机都拆下座舱密封冷气瓶送厂检查，就想：飞机是同一批出厂的，为什么我的飞机履历本上写着 3 月到期呢？为了弄清问题，我到飞机上查看实物，原来冷气瓶是 1 月份到期，已经过期了 6 天。这件事教育了我，技术文件上的记载，必须和实物对照才行。

为了熟悉飞机情况，摸机件变化规律，我在等天气或工作结束后就围着飞机转一转，观察某些机件的变化情况；打开工作窗工作时，就注意观察内部机件的变化情况。这样时间长了，记得也熟了，机件一有些变化，我就能比较快地察觉出来。有一次飞行后，分队长检查我们飞机，发现起落架三角包皮调整螺杆的保险螺帽似乎有些松动，因为螺杆上的红标记是对正的，很难肯定是不是松动，就问我，我看了后说：“动了！这个螺杆的螺纹原来露出三扣半，现在只剩下二扣半，松了一扣。”分队长试验结果，螺纹正好是松动了一扣。去年 10 月，我到独立中队交流经验时，发现 09 号飞机主液压油箱增压导管卡箍固定螺帽是六角形的。记得我飞机上的这个螺帽是四方形的，我想，这个螺帽应该是四方形，才能卡得住，一问他们，果然是临时配上去的。

由于熟悉了飞机情况，所以有时帮助别的机组检查飞机，一有不正常现象，我就能很快发现。去年领导让我到独立中队 10 号机组去“办学”，我一上飞机，就发现防火开关支架上少了一颗螺钉。在不易看到又不易摸到的地方，查出这样一个问题，别人以为我有什么大本事。其实，我是看到二中队一架飞机上 4 个这样的螺钉掉了 3 个以后，才特别注意检查的，所以一下子就发现了。

摸飞机规律，我虽然做了一些工作，收到了一些效果，但是还有一些机件的变化规律没有搞清楚，因此有时候还打被动仗。

越感到没问题就越要认真

毛主席说："世界上怕就怕'认真'二字，共产党就最讲'认真'。"空军党委多次强调加强机务人员优良维护作风的培养，要求机务人员明确树立对国家财产负责，对飞行安全负责，对飞行人员负责，对飞机的良好负责到底的高度政治责任感。我们机务人员的一切工作，就是为了保证飞机经常良好，保证飞行安全。不少血的教训说明，作为一个机械师，稍有疏忽大意，就有可能造成不可弥补的损失。

我自己过去有这样的体会，当碰了钉子的时候，最容易使人想问题。比如我第一次帮助飞行员开车没有成功，事后检查起来是在开车前想上级的指示要求不够，在工作中想开车的手续不够。从此以后，我每次工作前都想一想上级的指示和要求，工作中想一想如何保证质量，工作后想一想还有什么遗漏。有了这"三想"，工作中出漏洞就少了。但是要想发现故障、外来物、缺陷、锈蚀油垢这四个飞机上的"敌人"，提高飞机检查质量，光靠这一点还是不够的。因为飞机很复杂，机件设备很多，每次检查的内容也很多，瞟一眼看一片，是发现不了问题的。我的体会是，要使故障、外来物、缺陷、锈蚀油垢不漏网，必须是上上下下，里里外外，确确实实做到：该看的看到，该摸的摸到，该听的听到，该嗅的嗅到。如有一次我帮助 1190 号机组工作，发现燃料泵胶管有些渗油，这架飞机的机械师看了看说，导管是好的，是空气里的水分凝结在上面，擦干净就行。我有些不放心，打开油泵做试验，摸一摸，嗅一嗅，肯定是油不是水，但机械师还说不是。我又擦了嗅，嗅了擦，经过仔细检查，终于找出是卡子松动造成的渗油。

许许多多事实教育了我，使我深深地认识到：“认真”二字，不可一时有，一时无。不论在什么情况下，都要带着“故障、外来物、缺陷、锈蚀油垢”的“敌情”检查飞机。发现有疑点，要追根求源，就是大家都感到没有问题时，也不能麻痹大意，而且越感到没有问题，就越要认真。

近几年来，因为做到“三个负责”“三想”“四到”“四个一样”“检查飞机路线化、机件检查程序化”和做到带着“敌情”检查飞机，所以没有因维护不良而影响飞行。担任机械师以后，没有发生过丢、错、漏、损现象，我们的飞机每月都评为“四无”飞机。我心里十分明白，我现在能为人民做一些工作，完全是党和上级培养教育的结果。我的工作离领导的要求还相差很远，工作上的薄弱环节还很多，今后一定要永远记住毛主席关于“虚心使人进步，骄傲使人落后”的教导，虚心向别人学习，进一步练好检查、维护飞机的基本功，继续努力，不断前进，决不辜负党和上级对我的培养和期望。

（原载 1964 年《航空杂志》第九期）

毛泽东思想哺育了我

夏北浩

开始做机务工作以后，我学习了《为人民服务》《纪念白求恩》这些文章，联想到自己的工作：党把维护飞机这样重要的任务交给我，责任可不小，工作做好做坏，关系到战斗的胜败、阶级兄弟生命和国家财产的安全。我就下定决心，要像白求恩、张思德那样，全心全意做好革命工作。后来，我又从《关于重庆谈判》中学习了“什么叫工作，工作就是斗争。那些地方有困难，有问题，需要我们去解决。我们是为着解决困难去工作、去斗争的。越是困难的地方越是要去，这才是好同志。”认识提高了，觉得搞机务工作就是经常要和困难作斗争，不然，故障就发现不了，排除不掉。冬天，冷到零下二三十度，为了找到故障，我还是除下手套检查机件，穿着单衣钻进气道。身上虽然很冷，可是一想到毛主席的教导，心就热了，一想到要维护好飞机，寒冷也赶跑了。夏天，刚飞行完，有些机件热得烫手，为了及时保证飞机起飞，我就戴上手套检查飞机；飞行后喷管热气灼人，我仍然一下子就钻进去检查。不难受吗？一想到白求恩、张思德，一想到斗争，心里就好受了。平日，工作前想上级的指示要求，工作中想如何提高质量，工作后想还有什么遗漏。检查飞机时，做到了看到、摸到、听到、嗅到；在一年到头的维护工作中，坚持做到领导不在场和在场一个样，冷天和热天一个样，飞机没有故障和有故障一个样，飞行结束得晚和结束得早一个样。这就是后来领导总结的“三想”“四到”“四个一样”，我想：我这样去工作，是按毛主席教导办事，就是去斗争。

我学习了《中国革命战争的战略问题》，毛主席在这篇著作里教导说：“不论做什么事，不懂得那件事的情形，它的性质，它和它以外的事情的关联，就不知道那件事的规律，就不知道如何去做，就不能做好那件事。”我又想到一个问题：做机务工作，维护飞机，不懂得它的情形，它的规律，光是埋头苦干也是做不好工作的。我就在工作中有意识地积累经验，摸索规律，又认真学习条例。一面把条例背熟了，一面也摸到了飞机上哪些机件容易裂，哪些部位容易漏，哪些零件容易松，积累起一些经验。这时我又学习了毛主席《对晋绥日报编辑人员的谈话》中关于学习别人经验，使自己知识丰富起来的论述，就照着办。上级发技术通报，我把别人发生问题的经过记下来；别的机组发生了问题，别人排除故障的好办法，我也一一记到本子上，作为自己工作中的镜子。以后，我又按条例规定的内容，参考别人的和自己的经验，把条例规定检查飞机的路线重新排列，大路线中又有小路线，各个机件还列出了检查的先后顺序，把条例规定要检查的全部内容，串到了一起。这样子检查飞机，不会漏项，又容易发现故障，我觉得这样做好，符合毛主席说的工作要摸规律的教导，我一直坚持这样做。

这一切都说明，这个检查方法，是在实际工作中按照毛主席的指示办事的结果。而且，这个检查方法是领导总结的，里面有很多是别的同志的经验。因此，如果要说有什么贡献的话，那完全应当归功于党和毛主席的教导，归功于领导和同志们的帮助。今后我一定努力学习，在党和上级领导下，扎扎实实做好工作，争取对党的工程机务事业做出更大的贡献。

（原载《空军报》，1964 年 9 月 12 日）

夏北浩思想自传

夏北浩，生于1938年农历四月初三，系广东省新会县双永公社邦龙大队接龙生产队人，汉族，家庭出身中农，本人成分学生，文化程度初中一年，1957年1月应征入伍，1960年9月5日加入中国共产党，现任空二团副团长，行政二十级。

一、家庭情况和社会关系

1. 家庭情况及对我的影响

1938年我出生在一个贫苦的农村家庭里，当时家有祖母、父亲、母亲、哥哥、两个姐姐共七口人。靠父亲、母亲、哥哥耕种自己的五亩四分田（小亩）和租种地主的一部分田以及父亲打短工、捞鱼虾来维持全家七口人的生活，家住自己的三间泥墙瓦盖的小房，过着贫苦的生活。

父亲名夏枺，一贯务农，没有参加任何组织，1942年8月劳累得病。一天夜里土匪抢劫我村，父亲带病逃命，过水受凉又得了伤寒病，因无钱医治而病故。祖母一贯务农，1942年底因儿子死去，年老气急得病，同年12月死去。接着两个姐姐（大的十八岁，小的十五岁）因饥饿得病无钱医治，于1943年先后死去。从此我母亲（名林顺，一贯务农，没有参加任何组织）带着我哥哥耕种自己的田和租种地主少量农田来维持生活。哥哥成亲后，加之为了逃避抓壮丁，常外出打短工，因此于1947年底，我母亲带着我与哥哥分家，将三间房子分给我哥哥一间，我一间，母亲住一间，将祖父留下的二亩三分田留给母亲作为养老之用，将父亲留下的三亩一分地分为二分。从此，我和母亲靠耕种自己的田（四亩六分）维持生活。当时，在正常年景下，每亩每年能产250~300斤左右谷子。土地改革时我和母亲评为中农。解放后，在党和毛主席的英明领导下，成立互助组、农业社，生产不断发展，我家生活也不断提高。我于1966年结婚，爱人许执限，思想进步，劳动积极，在家与母亲一起生活。

我开始懂事时，母亲就经常给自己讲父亲、祖母等人是怎样死去的，地主是怎样用各种手段骗去租耕田的合同，强行夺回田地，不让我们耕种等情景。家庭的贫困生活和母亲的辛勤劳动使自己从小就养成艰苦奋斗、热爱劳动。同时，母亲的旧思想，认为在农村种田这碗饭不好吃，太辛苦，总希望自己长大是能找个工作，不再在农村种田，这个旧思想也在自己头脑里受到一定影响。

2. 社会关系及政治态度

哥哥夏元力，贫农，从小务农，1951 年参加人民解放军，1953 年 9 月加入中国共产党，1954 年初复员回乡后积极参加组织互助组、农业社，任互助组组长、农业社社长，后来到乡里、公社里当干部，现任双水公社一般行政干部。

岳父许洪盛、岳母夏叠，贫农，一贯务农，没有参加任何组织，思想进步，拥护党和毛主席。

四姨夫黄杨、四姨林换桃，贫农，一贯务农，没有参加任何组织，解放前耕种、管理过很短一段时间公田，土改时四姨夫受农会管制过很短一段时间，解放前后我们有少量来往。

还有姑姑、舅舅、大姨、二姨、五姨，他们有些早已去世，有些也没有来往。

小结：我生长在一个贫苦的农民家庭，在黑暗的旧社会，我家和千千万万的劳动人民一样，受压迫，受剥削，过着饥寒交迫的生活，是黑暗的旧社会夺去了我的父亲、祖母和二个姐姐的生命。而今天，我家和千千万万的劳动人民家庭一样，过着美好幸福的生活，这一切都是毛主席、共产党英明领导的结果。我要永远记住旧社会的阶级苦、血海仇，永远记住今天幸福生活来之不易，永远紧握手中武器，跟毛主席、共产党干革命。

二、在三大革命斗争中成长

1. 学生生活与所受教育

1947 年到 1955 年，曾在邦冲小学、沙富小学、沙路小学、新会县第二中学读过书，也因劳动需要和经济困难，中途停学几年参加劳动。从自己开始上学时，就看到家庭经济困难，母亲为了给自己读书，一个人辛勤劳动，知道自己读书不容易。同时也受母亲和老年人的旧思想的影响：学好一点硬本事，就能摆脱风吹雨打太阳晒的农民生活，就可以找个“轻闲”的工作。因此，自己除在学校学习外，还在家里小小的煤油灯下苦学，所以在1951年就学会了一手熟练的珠算。1953年以后，通过在课本上学的、老师讲的许多战斗英雄的事迹，许多知识青年回乡参加生产的先进事迹，使自己懂得了读书的目的是为今后更好地为人民服务，做一个有文化的农民，那些“万般皆下品，唯有读书高”，读书是为了找个“轻闲”的工作是地主资产阶级的旧思想。从此，读书更加勤奋刻苦，取得了优秀的学习成绩，曾被学校选为学生会主席。1956年初停学参加农业生产时，劳动积极，工作认真，积极参加各种社会活动，受到群众好评。1956年8月由张齐同志介绍加入中国共产主义青年团。

2. 社会主义革命运动中参加革命

自从1954年听了哥哥和参加抗美援朝复员的同志讲述美帝国主义在朝鲜如何残杀朝鲜人民，地主、土匪是如何不甘心灭亡，垂死挣扎，杀害群众。同时看了许多像黄继光、董存瑞那样的英雄故事，从此，自己天天盼望能够亲自拿起枪消灭那些狗豺狼。1955年党宣传义务兵役制，号召青年积极响应党的号召，履行自己的义务时，自己更加积极地报名参军，决心拿起枪杆子，保卫祖国，履行自己的神圣义务。但当时也夹有一些想当几年兵回来能分配个工作的个人打算。因自己要求参军的心情迫切，决心大，终于在1957年1月批准应征入伍，参加中国人民解放军。

3. 航校学习时期（1957年3月—1958年5月）

入伍后被分配到四川省成都市第十三航空学校当学员。经过入伍教育，使自己进一步懂得了为谁当兵为谁打仗的道理，更加清楚地认识到了党和毛主席，祖国人民交给自己光荣而艰巨的神圣任务。在学习业务期间，因为自己文化水平低，碰到许多困难，当我想起党和毛主席解放了自己，使我这个苦孩子能够翻身得解放，没有党和毛主席就没有我的一切。当我想起党和毛主席，祖国人民交给自己保卫祖国的任务时，就信心百倍，“下定决心，不怕牺牲，排除万难，去争取胜利”，克服一切困难，勤学苦练，在领导和同志们的帮助下，完成了学习任务，取得了优秀成绩。

4. 空一师工作时期（1958年6月至今）

在航校毕业后，于1958年5月29日分配到空军第一师一团二大队当机械员。到部队后，看到了一架架崭新的战鹰，想到自己快要亲自维护战鹰保卫祖国的神圣领空，消灭敢于来犯的敌人，心里是多么的高兴。当自己亲自维护战鹰的时候，真是全身上下有使不完的劲。经过部队领导和同志们的教育，使自己懂得了要维护好飞机，就要有脚踏实地、认真细致、一丝不苟、服从领导、遵守纪律的革命精神，同时还要有努力学习，刻苦钻研，提高本领，遵守规章的科学态度。自己按照领导和同志们的要求，在工作中不怕苦，不怕累，积极肯干。自己飞机有工作就抢着干，其他飞机有工作，就主动去帮忙，不会的就学，不懂的就问，哪架飞机有故障，有大工作，就争取去帮忙，趁此时机去干、去看、去学、去问，所以掌握工作比较快，领导根据自己的工作和表现，哪架飞机需要，就调自己去哪架飞机工作。无论到哪架飞机，都服从机械师的领导，积极配合机械师把飞机维护好。1961 年领导让自己代理机械师工作，自己愉快地接受任务，带领机组人员认真维护飞机，较好地完成了任务。在当机械员时，由于工作积极肯干，完成任务好，刻苦学习，技术熟练，多次发现、排除较大故障。在政治运动中，如贯彻党的八届八中全会，在反对苏修的国际共产主义运动教育中，在人民公社“六十条”的学习教育中，通过忆苦思甜，积极学习，立场态度明朗，曾先后记三等功三次，二等功一次。

通过党的知识的学习，使我懂得中国共产党是无产阶级的先锋队伍，是领导广大劳动人民进行革命斗争，为实现共产主义而奋斗的队伍，我是多么希望能加入这个组织，在他的抚育下，为实现人类最伟大的理想——共产主义而贡献自己的一切力量。但是我觉得，在形式上加入党的组织不是最终目的，我绝不做毛主席所批评的“虽然在组织上入了党，但在思想上却还没有入党，或没有完全入党”那样的共产党员。所以没有在组织上急于争党票，而是时刻按党员标准要求自己，在实际工作中改造自己，争取做一个名副其实的、在思想上真正入党的共产党员。自己的一切无条件交给党组织来打分、来安排，并于 1960 年 9 月 5 日由陆宝璧、张先惠介绍加入伟大、光荣、正确的中国共产党。

1962 年 6 月，领导把自己提升为干部，在鞍山基地机务大队一中队任机械师。我深深感到把自己培养成干部，把飞机交给自己去维护，这是党和人民对自己的信任。决心加倍努力工作，更好地为人民服务，绝不辜负党和毛主席的教育培养。在机械师这个工作岗位上，能够认真学习，工作更加积极认真、一丝不苟、刻苦钻研，带领机组同志一道工作，较好地完成任务。并不断地摸索、总结维护飞机的规律和经验，不断地提高飞机维护质量。1964 年，上级领导和同志们总结、推广了自己维护飞机的经验，空军授予自己“机械师尖兵”称号，给予很大的荣誉。我清楚地认识到，自己的成长进步完全是党和毛主席教育培养的结果，光荣完全归于党和毛主席，自己只是做了一个共产党员应该做的工作，在思想上没有任何一点值得骄傲，而深深感到党对自己的要求更高，交给自己的工作更重，只有谦虚谨慎、积极努力、克己奉公、埋头苦干，才能完成党交给自己的任务。

1965 年 5 月，上级领导把自己提升为一中队二分队副分队长，同年 9 月又提升为分队长，使自己深感这是党对自己的信任，深感自己责任重大。同时也深感自己工作能力低，特别是领导能力低，怕领导不好分队完成不了党交给的任务，给革命工作、给党的事业带来损失。通过学习毛主席著作和领导的启发教育，使自己认识到“群众是真正的英雄”，只要相信群众，依靠群众，任何困难都可以克服。在工作中能以身作则，团结依靠分队全体同志，积极带领分队同志进行工作。在分队曾出现一些只管技术，不问政治；同时又出现一些只求政治上不出问题，不学军事技术的倾向时，自己能引导大家按照毛主席的教导，走又红又专的道路。

1968 年 8 月，领导把自己提升为一中队副中队长，1970 年 5 月体制改革时，领导又让自己担任空二团机务大队大队长的工作，同年 12 月，领导又把自己提升为空二团副团长。对于自己职务的提升，使自己深深感到这是党对自己的信任，同时也使自己意识到，党交给自己更加繁重的革命工作，也使自己深深懂得，“我们共产党人不是要做官，而是要革命，我们人人要有彻底的革命精神，我们不要有一时一刻脱离群众”。在工作中积极带领部队进行工作和学习，贯彻党的指示，贯彻条令条例、规章制度，努力维护好飞机；同时以一个普通一兵的身份，积极参加实际工作，发现问题、解决问题，进行传、帮、带。

自入党以来，1962 年曾被选为空一师、空二军、沈空党代表大会代表和空军第三届党代表大会代表。1965 年被选为空一师、空二军、沈空党代表大会代表和空军第四届党代表大会代表。1969 年被选为中国共产党第九次全国代表大会代表。1969 年 5 月被选为空军第四届党委委员。

小结：自到空一师工作十五年来，能积极工作，努力学习；团结同志，联系群众；服从领导，遵守纪律；带领群众努力完成党交给的任务。在党和毛主席的教育培养下，在同志们的帮助下，为党的革命事业做了一点工作，取得了一点成绩，这完全归功于党和毛主席，归功于同志们。自己能有自知之明，保持谦虚谨慎、普通一兵的本色。

三、自我认识及今后努力方向

1. 现阶段的自我认识

经过党和毛主席的多年教育培养，有一定的阶级斗争、路线斗争觉悟，思想稳定，服从党的需要，能积极开展工作，深入实际，联系群众，谦虚谨慎，努力完成党交给的任务。但对学习马列主义著作和毛主席著作，对学习钻研军事技术有些放松，抓得不紧；斗争性不强，对同级或上一级同志的缺点错误，不能大胆地、严肃地批评帮助，总认为革命靠自觉，人家的缺点靠自觉革命去克服，同时也有怕伤感情的自由主义思想。

2. 今后努力方向

今后一定要遵照毛主席对中高级干部的要求："认真看书学习，弄通马克思主义。"不断提高识别真假马列主义的能力，不断提高阶级斗争、路线斗争和继续革命的觉悟，保持谦虚谨慎，积极工作，努力学习，刻苦钻研，积极开展批评与自我批评，为党的革命事业，为实现人类最伟大的理想——共产主义而奋斗。

附各个时期的证明人：

入伍前经历：证明人夏同赞，广东省新会县双水公社邦龙大队接龙生产队社员。

航校学习时期：证明人陈其旺，共产党员，原为空军第十三航校第十五期学员大队二区队六班班长，现任空一师司令部机务处特设主任。

1958 年 6 月至 1965 年 9 月：证明人傅伯钧，共产党员，原为鞍山基地机务大队一中队二分队分队长，现任空三团机务大队政委。

1965 年 10 月至 1970 年 4 月：证明人王明宽，共产党员，原为鞍山基地机务大队一中队副中队长，现任空一团机务大队大队长。

1970 年 5 月至今：证明人刘玉昌，共产党员，现任空二团机务大队政委。

自传人：夏北浩

1973 年 4 月查

发扬艰苦奋斗精神　搞好机务部队建设

这次参加空军“三学”代表大会，对我是一次很好的教育。我一定虚心地向到会的先进单位的代表和先进模范人物学习，把同志们的好思想、好经验带回去。下面，我把自己近几年来的思想和工作情况向首长和同志们汇报一下。

一、艰苦奋斗，坚持深入机务工作第一线

1970 年，由于革命工作的需要，我走上了副团长的领导岗位。职务的变化，带来了一些新问题。首先一条，是能不能扎扎实实到机务工作第一线去。我想，这个问题很重要。当了领导干部，怎么搞好思想革命化，

搞好领导工作？中心的问题，是不要脱离群众，脱离实践。要解决这个问题，就只有到第一线去。所以，我经常提醒自己，一定不能老是蹲在机关，一定要经常到下面去，到现场去，扎扎实实做工作。开始，机关的同志给我在团部安排了住处和办公室，我考虑还是和同志们在一起好，就一直住在机务大队。七年多来，我除了到团里以及外面开会、学习外，都一直和机务人员实行“五同”。我给自己定了个规矩：凡是飞行日、机械日一定要参加，进场要早点，退场要晚点，绝不能在同志们工作艰苦时离开现场。特别是飞行后检查没有结束，我就不回去，有了故障需要连夜排除，我就跟班到底。

这些年来，由于自己的岁数大了，加上又有风湿性关节炎、胃溃疡等慢性疾病，工作一天下来，躺在床上腰酸背疼。但我想到，干革命就是要不断地和困难作斗争，疾病也是一种困难，应该战胜它，我就一直坚持下来，没有影响工作。1975 年，我在治疗关节炎烤电时，不注意把腿部烧伤了，化了脓，走路很不方便。卫生队和团里叫我休息几天。我觉得，飞行训练这么忙，自己怎么能躺在家里休息？我还是和从前一样，每次飞行或检查飞机都坚持上机场，并同样做到早去晚归。由于走路摩擦，膝盖上的脓包磨破了，每走一步都很痛，有时实在支持不住了，就坐下来稍稍歇一会儿，就这样坚持了一个多月，一个飞行日我也没有落下。

家属随军以后，具体困难也多了起来。我爱人也是广东人，随军后，开始不太习惯北方生活，身体也不太好，小孩也经常闹病。如果处理不好，就会牵涉精力，影响工作。1976年6月，我爱人做了流产结扎手术，两个小孩没人照顾。领导很关心，叫我在家里照顾一下，我想，家里的具体问题经常有，自己想办法解决一下就行了。我就利用早晚时间，把家务事处理好，每天提前起床做饭，平时让小女孩照顾妈妈，自己白天照常参加工作。今年3月，我爱人生病发烧到39度多，连续3天没吃饭，开始我以为是感冒，没往心里放，就嘱咐孩子好好照顾妈妈，自己仍然跟班飞行。后来，团里打电话告诉我，说我爱人得的是急性肾炎。第二天，星期天休息时，我才把她送进医院。爱人住院后，家里剩下两个小孩没人照顾，我就教7岁的大女儿学着做饭，照顾妹妹，白天照样坚持到外场工作。在我爱人住院的30天里，我没有请过一天假。

近几年来，还遇到一个问题，就是常常需要外出开会。我就坚持一条，外出之前，哪怕是两个小时也要上机场工作一会儿，外出回来也要首先到外场看看。有一次上级通知我到北京参加空军党委会，下午两点就要出发，上午我仍然来到机场，正好兄弟部队有12架飞机转场路过我们这里。检查飞机时，发现排气温度表没有起动温度标记，转场卡片上没有注明热电偶型别，飞行员也不知道。为了确保安全，我就钻进尾喷管检查，连续检查了 12 架飞机，排除了所发现的故障。直到中午，我才匆匆回家换了衣服，赶到车站。有一年冬天，我从北京开会回来，天气很冷，我换上了皮工作服就上了机场。说也巧，正碰上 61 号飞机的油门不正常，需要钻进气道调整。机械师是个胖子，爬进气道困难，分队长又是个大块头，爬进去也很难，看到这种情形，我就把皮工作服一脱，钻了进去。我坚持工作两小时，终于排除了故障。出来时，半边身子都冻麻木了。还有一次，有架担负战斗值班任务的飞机，副油箱增压系统漏气，如果不及时排除，就会影响战备值班。当时机组的同志费了很大劲，也没找到漏气部位。我就拿起工具，按照增压系统的线路逐段检查起来。当找到漏气部位时，天已经黑了，我又和大家一起，躺在冰冷的水泥地上，一道排除故障，从晚上 7 点一直干到 10 点。

我认为，苦累也好，疾病也好，家庭问题也好，解决起来，主要靠一个办法：艰苦奋斗。只要想想毛主席和周总理、朱委员长等老一辈无产阶级革命家，为共产主义事业奋斗到最后一息的光辉业绩，想想雷锋同志那些把有限的生命投入到无限的为人民服务之中去的感人事迹，想想党和人民对自己的关怀、培养和期望，想想“四个现代化”的宏伟目标，心里就有了无穷的力量。在旧社会，我是个苦孩子，由于饥寒交迫，有4口亲人被夺去了生命。没有党，没有毛主席，哪有我夏北浩的今天啊！我只是为党做了一些应做的工作，党和人民就给了我很多的荣誉。特别使我终生难忘的是，我曾光荣地出席了党的第九次和第十次全国代表大会，多次幸福地见到过毛主席、周总理、朱委员长等老一辈无产阶级革命家。一想到这些，我就鞭策自己，一定要学习和继承革命先辈在革命战争时期的那么一股劲，那么一股革命热情，那么一种拼命精神，把全部心思用在部队建设上，用到机务工作上。

二、不吃老本，不断提高业务技术水平

毛主席历来十分重视军事训练，号召“全军将士必须提高军事艺术”，并高度赞扬了白求恩同志对技术精益求精的革命精神。雷锋同志刻苦钻研军事技术的事迹也很感人。这些都使我深受教育和启发。我常想，虽然空军1964年总结推广了“夏北浩检查法”，但那是我们师的领导经过长期蹲点，把广大机务人员长期做好机务维护工作的经验加以总结，并且组织我和当时的机械师

刘文华、张文成等同志来落实和推广而逐步形成的。它是我们广大机务人员长期做好机务维护工作的成果，是集体智慧的结晶，不是我个人的独创。就我个人来说，虽然干了多年的机务工作，有些实践经验，但是，有许多地方并没有完全弄懂，走上领导岗位以后，在业务技术上也遇到了许多新问题，迫切要求自己不断提高业务技术水平。

过去担任机械师，遇到故障，自己排除不了还可以找领导解决。现在自己当了领导，下面一有疑难问题就找上门来，如果不能及时解决，就要影响训练任务的完成，威胁飞行安全。要准确判断和迅速排除飞机的各种故障，看起来是个具体工作，实际上牵涉到机务工作业务技术的方方面面，要了解全团几十架飞机的历史和现状，了解飞机上那么多零件的部位、用途和工作原理，还要了解在各种不同情况下飞机故障的规律。一句话，要对飞机了如指掌。这是一件比较困难的事情，但这些年来，我一直在朝这个方面努力。

为了把全团几十架飞机的状况掌握起来，我坚持做到“三勤”。首先是勤干，经常亲自检查飞机，只要有机会，我就跑到飞机上，一架一架地按照路线检查，摸清每架飞机的现状和特点；再就是勤记，把全团每架飞机的详细情况、基本数据，都记在自己的资料本上；另外是勤问，飞行时，就问问飞行员，飞机的工作情况怎么样，飞行前后和机械日，就问问机务人员，飞机出现些什么问题。这样时间一长，对全团的每一架飞机的状况，就做到胸中有数了。

要了解飞机上那么多零件的构造原理，这件事比较难。特别是在外场，有些机件并不拆卸，很难弄明白。为了解决这个矛盾，我就抓住一切可能的机会，去了解、去学习。比如，有些机件损坏了，我就把它带回去，根据构造图加以分解，对照原理图进行分析，从理论到实际，直到弄懂弄通为止。又比如，有时工厂派人来检查飞机，拆卸零件比较多，也是学习的好机会。有一回，工厂派人来我们团检修发动机，我看到工人师傅把拆下来的发动机固定导管的螺杆、螺钉分门别类地摆放得整整齐齐，就问他们怎么记住和区别这些零件，工人师傅说：“世界上没有绝对一模一样的东西，飞机上的零件尽管很多，但都有一定的特点和规律”。接着就热情地给我一个一个地介绍，我认真记了下来，又增加了新的知识。有一次，45 号飞机刚刚做完定期工作，参加飞行，飞行员检查飞机时，发现座舱盖风挡玻璃的防冰装置不喷酒精，原因是减压器装反了。但是有的减压器装反了也能通气，为什么这个就不行呢？我就把两个减压器拆开进行比较，结果发现内部构造不同。通过这些方法，使我对飞机上的各种零件都比较熟悉了，只要一看一想，就知道它装在什么部位，有什么用途。

摸索飞机故障的规律，这件事更要难一些。但是，任何事物都是有规律的，规律总是可以认识的。要找到故障发生的规律，关键是要多接触故障，多分析排除故障。因此，不管哪架飞机发生故障，只要我在家，都要亲自去问一问，看一看，和他们一起分析排除。有时在机场劳动，听到飞机发动机声音有点不一样，我就扔下锄头，跑去问个究竟。一次我在师里开会，在机务处的登记本子上，发现我们团有架飞机排除了减压薄膜损坏的故障，这种故障我过去没有碰到过，回到团里，就马上找这个机组的同志取经，把他们介绍的故障现象和排除方法，都记在本子上。1970 年冬天的一个飞行日，我在着陆线上听到一个飞行员反映，他飞的飞机起落架收的好像慢一点。我就找这架飞机的机械师一起检查，没有发现问题。我又和他一起做地面收放起落架试验，还没有发现问题。我不放心，又请示指挥员组织试飞，自己用望远镜观察，结果发现左起落架确实收的慢些。飞机落地后，我们反复检查，终于发现了故障原因是因为一个螺栓缺少润滑油，长期摩擦变形造成的。这种故障过去很罕见，维护规程中也没有提到，我就组织部队对全团飞机进行了普查，果然又发现5架飞机也有同样的问题，马上进行了排除。我把这些故障都一一记了下来，然后加以综合分析，归纳出哪些机件在什么情况下容易漏油，哪些机件在什么情况下容易漏气，哪些机件在什么情况下容易磨损，哪些导管的部位在什么情况下容易断裂，哪些螺钉螺帽在什么情况下容易松动，等等。这样，就基本上掌握了各种机件的变化规律和故障发生的规律。

由于对飞机的状况、机件的构造、故障的规律了解得多了，分析和排除故障就比较准确、比较迅速了。一次，46号飞机机械师做飞行后检查时，在机身下部发现了一个螺杆。许多同志都在帮助查找脱落的部位，找了一天也没有找到。第二天下午脱尾部找，还是没有找到。找不到脱落的部位，飞机就不能参加飞行，大家都很着急。我知道后立即赶到现场，拿起螺杆仔细看了一会，告诉大家，这样长的螺杆一台发动机上只有两个，并很快发现这是左发内侧一个卡子上的固定螺杆。再比如，在机身后部发现了半个固定卡子，飞机上各类卡子成百上千，这半个卡子是从哪里掉下来的呢？拿起卡子一看，我就大体做出了判断，较快地找到了掉卡子的部位。同志们问我有什么诀窍，其实，我就是那么几种笨办法，只要用心学习，别的同志都是可以做到的。

三、搞好传帮带，培养新一代机务战士

作为一个领导干部，只满足于亲自干还是远远不够的，还要搞好传帮带，培养好新一代。回想一下我自己，就是在党和上级的关怀下，由老同志手把手教出来的。如今，每年都有新战士补入部队，他们的工作热情高，干劲大，但是由于林彪、“四人帮”的干扰破坏，不少机务人员思想、技术、作风方面都存在一些问题。我们老一些的同志，有责任把自己多年积累的经验传给他们，把机务工作的优良作风传给他们，使我们的机务工作队伍，一茬一茬地成长起来。邓副主席这次在全军政工会上，讲到培养接班人的问题时指出：“这件事做好了，我们才有资格去见马克思，见毛主席，见周总理。”学习了邓副主席的讲话，就使我更加感到搞好传帮带的责任重大。

传帮带，应该传什么、帮什么、带什么呢？我觉得，先进的思想，好的作风，过硬的技术，科学的方法，几个方面都很需要。但是，这里有个重要问题，就是要继承和发扬机务工作的优良传统。近几年来，叫林彪、“四人帮”一搅，似乎过去那一套都不行了，都不要了，这个流毒对机务工作影响破坏很大。前几年有一件事对我触动很大。一天飞行后检查，我来到一架飞机

旁，看到一个机械员检查发动机舱，刚刚蹲下就站了起来。我问他："你用了多长时间？"他回答说："3 分钟。"我说："按照维护规程规定，检查一次发动机至少需要半个小时，3 分钟怎么行呢？"这个机械员当时没有回答。这件事，使我心里很不安，晚上回来，躺在床上怎么也睡不着。我想：这样干怎么行呢？我们的工作，直接关系着飞行员的生命安全，任何一点马虎都是不行的。当时，我虽然对林彪、"四人帮"破坏机务工作优良传统认识还不很清楚，但总觉得我们过去机务工作中的一些好东西已经丢了，我们这些老一点的同志有责任把这些东西加以保持，并且传下去。因此，我只要有机会，就要给部队讲讲传统，讲讲"三个负责""三想""四到""四个一样"等维护经验。并且告诉他们，这些并不是我的什么发明，而是多少年来我们机务工作的老同志用血汗换来的集体经验，应该继承和发扬光大。在平时工作中，我也注意言传身教，帮助大家把过去机务工作的好传统学过来。有一次，45 号飞机副翼间隙大，我示范打了左边的开口销，让机组的同志打右边的。他们一时打不上，又到了吃饭时间，就想用保险丝代替。我严肃批评了他们，并和他们一起把开口销打好，一直干到晚上八点多钟。我想，这些事情看起来不大，但一种好的传统、好的作风，只有通过一点一滴的具体工作，才能带起来、传下去。

搞好传帮带，也有个方法问题。全团几百号人，怎么带法？我主要用三种办法。

一是抓时机。比如，新兵入伍的时候，提拔一批新的机械师的时候，师里每次举办教导队的时候，我都要给他们讲一讲，有时还要把他们带到机场，搞两个小时的示范操作，使他们能有一个好的开端，打下一个好的基础。

二是抓两头。一头抓好的，带出一个好典型，再用典型带动部队。比如，近几年来我们开展了样板机活动，我就常到样板机机组去。去年，我用了一个多月时间，在二中队的08号机组和三中队的33号机组跟班，培养样板机。在08号机组跟班时，我严格要求他们，本着“三个负责”的精神，落实条例和规程，培养良好的维护作风。有时候，机组的同志图省事，检查发动机舱的机件时，没有用反光镜。我发现后，就及时指出：“执行上级指示和规章制度，要像硬骨头六连那样，一不讲价钱，二不叫困难，三不打折扣，这样才能不断提高飞机维护质量，把保证飞行安全落到实处。”我还结合维护工作，给大家讲解飞行后检查的路线、方法和重点，对飞机上常出现的故障、缺陷，详细地讲清原因、危害及排除方法。经过中队和机组同志的共同努力，这个机组有了明显提高，较好地完成了飞行训练等保障任务。中队和大队宣扬了这个机组，介绍了他们的经验，起到了推动作用。另一头抓问题，对问题较多的机组，我就去蹲一段时间。1976年初，56号机组连续发生问题，接连两个月没有评上安全红旗，新提升的机械师感到压力很大。我就到这个机组蹲点一个多月，跟着机组参加飞行的全过程。从制订工作计划、小组分工、检查飞机的路线程序方法，到工作后的复查、讲评，都一项一项地讲给机械师听，并一遍一遍给大家做检查飞机的示范。晚上回来我又找机组的同志逐个谈心，帮助他们端正思想作风，增强做好机务工作的事业心。后来，这个机组变成了先进机组，机械师受到大队党委嘉奖。

三是抓干部。抓干部的好处是，可以抓一个带一片，还能往下传、不断线。所以，我把对干部的传帮带作为重点，扎扎实实地，一个一个地抓。特别是对机械师这一级干部，注意加强培养，打好基础。有一个机械师很能干，就是不够重视积累维护经验。一次，有架飞机发生故障，我和这个机组的同志一块排除，许多机组的同志都来学习，而这个机械师没有来。我就找到他，对他说："我考你一个问题吧！"随后，给他讲了这架飞机的故障现象，让他分析原因，结果，他说了几个都不对。我说："刚才这架飞机排除故障，许多同志都去看了，你为什么不去呢？我们不但要积累自己飞机排除故障的经验，还要把别人的经验变成自己的，这样维护飞机的本领就大了。"从此，这个机械师建立了积累经验的小本子，随时注意把一点一滴的经验记载下来，维护水平提高很快，被提升为副中队长。还有一个1971年入伍的机械师，开始经验不足，我就蹲到这个机组，一个一个飞行日，一个一个起落，一个一个动作地指点他、帮助他。这个机械师做再次起飞准备，检查刹车系统时，只是握了握刹车手柄，看了看刹车压力表，就准备拉飞机。我当即制止说："检查刹车系统，不能只在座舱里看表，要下来贴近轮胎听一听刹车胶带有没有漏气声才行，因为轻微的漏气，仪表上是反映不出来的。如不过细地检查，任何小的漏洞都有可能造成大的损失。作为一个机务工作者，必须养成严格细致的工作作风，该看到的看到，该摸到的摸到，该听到的听到，该嗅到的嗅到，一点也不能马虎。"他从此处处严格要求，按章办事。在另一次准备飞机时，他们的飞机，冷气只差两个压力，机械员怕耽误时间，不打算充气。他坚持按规定补充了两个压力，才把飞机牵引到起飞线上。

首长和同志们，我的工作做得很不够，离党的期望和要求还差得很远。但是，我有决心在上级党委、首长的领导下，为部队的革命化、现代化建设做出新的贡献！

（1978 年在空军学雷锋、学硬骨头六连、学航空兵一师先进代表大会上的发言）

艰苦奋斗　继续革命　努力战斗在机务工作第一线

——在唐山部队经验交流的讲话

1978年6月25日

各位首长，同志们：

首长和同志们都很关心我的情况，要我介绍经验。我心里既感激又不安。因为自己很多方面做得很不够，距离党和人民的期望和要求很远，也没有什么经验可谈。在这里，只能把个人几年来的思想和工作情况汇报一下。

一、深入实际，联系群众，力争在实际中取得发言权

我从1957年入伍以来，一直搞机务维护工作。

1970年，由于革命工作的需要，走上了副团长的领导岗位，职务变了，我感到担子重了，压力很大。可是，一想到毛主席关于“什么叫工作，工作就是斗争”的教导，就感到，党和人民交给自己这副重担子，肯定是要承担的，问题是怎么担法。因此，我要求自己：职务变了，全心全意为人民服务的思想、继续革命的精神不能变；地位变了，艰苦奋斗的作风、普通一兵的本色不能变。作为一个分管机务的副团长来说，就不能老是蹲机关、光动口不动手，而是要经常去机场，到第一线去组织指挥。我个人的本事并不大，缺乏做领导工作的经验，那就要不脱离群众、不脱离劳动、不脱离实际，少说空话，多做工作，扎扎实实，埋头苦干，力争在实际中取得发言权，主动权。我担任副团长七年来，除了到团里及外出开会、学习，一直和机务大队的同志实行“五同”。我给自己定了规矩：凡是飞行日、机械日一定要参加；进场要早点，退场要晚点，绝不能在同志们工作艰苦时离开现场，特别是飞行后检查没有结束，我就不回去。有了故障需要连夜排除，我就跟班到底。

我感到，和机务人员实行“五同”，在正常情况下还比较好坚持，在一些特殊情况下，就容易动摇。其实，只要对自己要求严格点，发扬大干、苦干的精神，坚持下去也并不难。有这么几种情况，我都克服困难，坚持到机场。

一是自己身体不太好的时候。1975年1月，我在治疗关节炎烤电时，不慎把腿部烧伤，左腿关节处化脓，走路很不方便，卫生队和团里叫我休息几天，我觉得飞行训练这么忙，大家都在为培养新飞行员，提高部队战斗力而积极工作，自己在家里怎么能躺得下呢？虽然腿不好，不能在机场到处走，但在飞机旁边看看还可以，心里也踏实一点。于是，第二天飞行日，我在早晨四点多就起来了，坚持上机场，一直到大家做完飞行后检查才回来。

二是家里有些具体困难的时候。前年六月，我爱人做了流产结扎手术，两个小孩没人照顾，领导上很关心，叫我在家里照顾一下。我想家里的具体问题经常有，自己想办法解决一下就行了，不能因这类事情影响上机场，我就暂时回家住几个晚上，把家务事处理好，每天提前起床做饭，并安排七岁的小女孩学着妈妈做面条，我自己白天照常参加工作。

三是外出之前和回来之后，比较匆忙的时候。我尽量做到：外出之前只要有半天，哪怕是两个小时也不放过；外出回来，除了向党委汇报之外，首先到外场看看。1974年，有一次上级通知我去北京参加空军党委会，下午两点就要出发，正好上午兄弟部队有十二架转场飞机经过我们机场，我想去开会又要离开机场一段时间，应该抓紧时间参加工作，就和大家一道上机场，为兄弟部队的飞机做好准备。当准备飞机后，发现排气温度表没有起动温度标记，转场卡片上没有注明热电偶型别，飞行员也不知道，为了确保安全，我决定钻喷管进行检查。当时分配别人干也可以，但是一看离起飞时间不远了，我个子小，比别人方便，就逐架飞机进行检查，结果发现一架飞机热电偶装反、两架飞机各有一个装偏，只用了十多分钟就排除了故障，保证了转场飞机按时起飞。直到把这批飞机送走，我才回家换衣服，准备去开会。虽然走时仓促一些，但心里感到很愉快。有一年冬天，我从北京开会回来，天气很冷，我换上皮工作服上了机场。这时，61 号飞机的机械师发现油门不正常，需要钻进气道调整，机械师是个胖子，要自己进去很困难，分队长又是个大块头，走过去看看很为难，正着急呢！我恰好赶到了，看到这种情形，不用说了，就把皮工作服一脱，一下钻了进去，坚持工作两小时，及时帮助排除了故障，自己出来的时候，半边身子都麻木了。

对于我这样实实在在地抓工作，同志们都很欢迎，给了很多鼓励和支持。可是，在“四人帮”横行的那几年，刮起了一股反对“一抓三促”的“妖风”，我们党的优良传统遭到严重破坏，一些是非问题被颠倒了，这样脚踏实地地干工作，反而不行了，被指责为“只埋头拉车，不抬头看路”。我心里很憋气、想不通，但是，一想到毛主席的一系列教导，想到入党时要为共产主义事业奋斗终身的誓言，心里就亮堂了，为了实现共产主义事业，就要奋斗，一般的干还不能叫奋斗，大干苦干拼命干才能叫奋斗。铁人王进喜说得好，“不干半点马列主义也没有”。我决心学习铁人的革命精神，继续搞好“五同”，坚持深入机组，困难再多也不动摇。有一次，一个熟悉的同志关心地对我说：“你当个领导干部，这样没白天、没黑夜地干，不怕人家说你‘不抬头看路’吗？”我跟他谈心，对他说：“你注意了没有，拉车的人一看准了路，就埋头使劲，一直向前，哪有一步一抬头拉车的呢？我们共产党人认准了毛主席指引的革命路，就一个心眼地拉下去，绝不做三心二意的抬头观望派。”

这些年来，我感到坚持深入实际很有必要，大体上有这么几条好处：（1）能够做到心中有数，由于长年累月地和机务人员在一起，对全团的每个机械师都能熟悉，对每架飞机的状况也掌握得比较细致、及时，这样直接掌握了第一手材料，说话办事就比较合乎实际。（2）能够与群众密切关系，加深阶级感情，如今干部战士不把我当外人，维护工作中有了困难，叫我去帮助，有什么心里话愿意找我说，有些情况也能及时反映，我感到开展工作很方便，大家对我很支持。（3）能够从群众中吸取丰富的政治营养，因此，亲眼看到干部、战士的革命精神和工作干劲，能够找到自己的差距，受到很实际的教育，直接接受群众的监督，也能防止官、暮、骄、娇的坏习气，促使自己更加保持革命朝气。

二、进行传、帮、带，培养新一代机务工作者

通过几年的实践，我深深体会到，作为一个领导干部只满足于亲自干还是远远不够的，还要搞好传、帮、带，是贯彻落实毛主席“建立一支强大的人民空军”这一伟大号召的直接行动，也是我军的光荣传统。我军几十年来，正是这样承先启后、继往开来的，我自己也是在党和上级的关怀下由老同志手把手教出来的。如今，每年都有新战士补入部队，机务干部也不断更新，他们的工作热情高、干劲大，但是不少机务人员技术生疏，缺乏经验。这就更需要我们这些在机务战线上老一点的同志，把多年积累的经验传授给他们，把部队的光荣传统和优良维护作风传下去。特别是，由于“四人帮”的严重干扰破坏，机务维护工作中出现一些章法观念不强、组织纪律松弛、维护作风松散等不良作风，部

队的业务建设也有些削弱。看到这些情况，我们非常着急，都很担心。在粉碎“四人帮”以前，虽然也进行传、帮、带，但有的不敢传，有的人不敢学。粉碎“四人帮”后，我和机务大队的领导干部，都决心以高度的政治责任感来搞好传、帮、带。

几年来，我个人在进行传、帮、带方面，采取了以下几种主要做法：

1. 认真介绍检查法的由来和内容。1975 年，我们师党委和领导机关，顶着“四人帮”刮起的“妖风”，要我到我们师的一、三团和独立大队巡回传经。1976 年，军领导机关又安排我到军所属的各师进行传经，介绍自己和部队维护飞机的一些经验体会，我一直认为 1964 年总结推广“夏北浩检查法”，是我们师的领导干部经过长期蹲点，把广大机务人员长期做好机务维护工作的经验加以总结，并且组织我和当时的机械师刘文华、张文成等同志来落实和推广，而逐步形成的。所以说，“三个负责”“三想”“四到”“四个一样”等维护经验，是我们广大机务人员长期做好机务维护工作的成果，是集体智慧的结晶，不是我夏北浩个人的独创。我只不过是做了一点应该做的工作，领导机关给了我很高的荣誉。如今，领导要我传授维护工作经验，这是对我的信任，是义不容辞的责任，必须热情地传授。因此，我每到一个单位都给全体人员介绍机务维护工作经验，在飞机上详细给机械师以上干部讲我检查飞机的路线、程序，并亲自示范。在三团的时候，我就跟着这个团的“样板机”（63 号机组），将近一个月时间，和机组的同志一起参加机务工作全过程，介绍怎样做到检查飞机路线化、程序化，飞机有了故障，就和他们一起排除，详细地讲解，手把手地教，他们感到这样印象深，学得较快，效果较好。此外，我还多次到师的机务教导队，讲部队的机务传统；每年新同志分配到机务大队以后，也分批给他们讲讲传统，介绍经验；对新提升的机械师，我都有计划、有重点的跟班作业，检查他们的工作程序和工作方法，检查他们准备飞机的质量、帮助他们认真地落实维护经验，提高维护水平。

2. 抓两头带中间，树立典型，推广经验。自从部队开展以“样板机”推动维护工作的群众运动以来，我团机务大队各中队都树立了“样板机”，我就有计划地配合他们抓好这项工作。去年在二中队的 08 号机组和三中队的 33 号机组，分别都有一个多月时间，具体传、帮、带。在 08 号机组跟班作业时，我就严格地要求他们本着“三个负责”的精神，落实条例和规程，培养良好的维护作风。有时候，没有带反光镜，我发现后，就及时指出，并对他们说，执行上级指示和规章制度，要像“硬骨头六连”那样：一不讲价钱，二不喊困难，三不打折扣，这样才能不断提高飞机维护质量，把保证飞行安全落到实处。并且结合维护工作，给他们讲解飞行后检查的路线、方法和重点，对飞机上常出现的故障、缺陷，详细讲清原因、危害以及排除方法。经过中队和机组同志们的共同努力，这个机组在思想上、作风上、技术上都有明显提高，较好地完成了保证飞行训练等项任务的完成，中队和大队宣扬了这个机组，介绍了他们的经验，以后，起到了一定的推动作用。

对问题较多的机组，我就干脆蹲一段时间，跟班作业，具体帮助，和机组的同志一起落实飞机维护规程，落实“三、三、四、四”等维护经验。1975 年初，56 号机组连续发生问题，接连两个月没有评上安全红旗，新提升的机械师 xxx 同志感到压力很大。我来到这个机组以后，为了摸清情况，白天跟着机组参加全过程，晚上回来就找机组的同志逐个谈心，帮助机械师端正思想，变压力为动力。有一次，我发现机械师做飞行后检查，在座舱里握握刹车手柄，看看压力表就完了，我就把他叫到机轮旁，告诉他检查刹车系统不能只在座舱里看表，还要贴近机轮听听刹车胶带有没有漏气声，因为轻微的漏气，仪表上一时看不出来，并做了一次检查示范，还专门找他谈心，帮助他认识机务工作的责任重大，要一举一动、一钉一铆，都让党和人民放心，让飞行员放心。然后，从制定工作计划、小组分工、检查飞机的路线、顺序、方法，到工作后的复查、讲评，都一项一项地帮助，先后一个月，直到这个机组有了明显的转变才离开。后来经过大队中队的共同帮助，机械师的工作有很大的进步，为了准确判明飞机轮胎气门芯是否漏气，他感到白天飞行后，由于轮胎温度高，检查时不容易发现，就在晚饭后和凌晨跑到机场去仔细听；1976 年，他受到机务大队党委的嘉奖，并光荣地入了党。

3. 平时严格要求，启发诱导。作为一个机务干部，大量的时间是在机场督促检查，把好飞机质量关。在严格要求、发现问题，及时纠正的同时，我还注意讲清道理、做个示范。有的同志在工作中，不严格执行条例和规程，操作不符合要求，检查项目不全、不细，我发现以后，就随时随地给大家讲严格执行规章制度的意义，有时还用上级的通报、指示或者过去的经验教训，来启发教育他们；有的同志排除故障时，技术不够熟练，我就给他们讲要领，教方法；有的同志对业务学习不大重视，我就鼓励他们钻研技术，走又红又专的道路。这类的小事情比较多，这里讲讲对 18 号机组机械师 ×× 同志的一些具体帮助。这个机械师是 1968 年入伍的，担任机械师以后，并不大注意积累经验。有一次做飞行后检查，我们一个机组的同志正在排除故障，见到一些机械师都主动来看看，18 号机组的机械员也跑来学习，而机械师却没有来。我就到 18 号飞机停放的位置找到机械师，用刚才的故障现象让他分析，他回答了几个原因都不对，我就耐心地对他说："当机械师的，负责一架飞机，不积累经验是不行的，不但要积累自己飞机发现和排除的故障，还要把别人的经验变成自己的，这样维护飞机本领就大了。"他听了后受到启发，以后也准备了维护经验记录本。有一次飞行，我在着陆线，飞机在天上，一时下不来，我就出个紧急排除故障的题目，考考他；他因没有遇到过这种情况，回答不出来，我就要他动动脑子，问问老同志，后来，他向一位老机械师请教，找到答案后，很高兴地来找我"交卷"。在领导和同志们的热情帮助下，xx 同志努力学习，刻苦实践，进步较快，1975 年担任了副中队长职务。

三、不吃老本，钻研技术，不断提高自己的业务水平

伟大领袖毛主席历来十分重视军事训练，号召"全军将士必须提高军事艺术"，并高度赞扬白求恩同志对技术精益求精的革命精神。雷锋同志刻苦钻研军事技术

的事迹也是很感动人的，使我深受教育和启发。我常想，现在党和人民把这样现代化的武器交给我们维护，不精通它、掌握它，怎么能完成未来反侵略战争的任务呢？要做到对战斗胜利负责，对战友安全负责，对国家财产负责，光喊空口号是不行的，还需要有保证做到“负责”的本领。在政治挂帅的前提下，钻研业务技术是完全应该的，绝不是什么“白专道路”。从自己的实际情况来看，我虽然干了多年的机务工作，有些实践经验，但是由于飞机构造比较复杂，机件和数据很多，工作原理也比较深，有许多地方并没有完全弄懂，而且科学技术在不断发展，武器装备不断在改进，学习也就没有止境，只有不吃老本，不断钻研，不当外行，才能取得领导部队的主动权。几年来，我主要是结合机务维护工作来学习业务技术，用了这样几种方法：

一是虚心向群众学习。有一回，飞机工厂派人来我团检查发动机，我感到这是个很好的学习机会，因为我们平时的外场维护工作，许多机件是不能分解的。我看到工人师傅把拆下来的发动机固定导管和螺杆、螺钉分门别类地放得整整齐齐，就利用这个机会向工人同志请教，问他们怎样才能记住螺杆、螺钉的部位和用途。工人师傅热情地介绍了发动机螺杆、螺钉的规律，我认真地记下来，增加了很多知识。说来也巧，刚过几天，我们团46号飞机做飞行后检查，机械师在机身下部发现了一个螺杆，许多同志都在查找脱落的部位，找了一天也没有找到。第二天下午又脱尾部找，还是没有找到。而找不到脱落的部位，飞机第二天就不能参加飞行，大家都很着急。当时我正在团里开会，听到这个事就赶到现场，拿起螺杆仔细看了一会，回想起工人师傅介绍的情况，很快就在左发内侧一个固定滑油导管卡子上找到螺钉脱落的部位，在场的同志看我这样快就找到了螺杆脱落的部位，问我有什么“窍门”。我说没有什么窍门，平时注意勤学多问就行了，并把向工人师傅学习的经过介绍了一遍。

特别是，自己每天都和机务人员在一起，干部战士中有许多宝贵经验，很多人都各有所长，向他们学习的机会就更多了，关键问题是要不耻下问，不摆空架子，甘当小学生，有个虚心诚恳的态度。去年有一次，我在师里开会，在机务处无意中发现我们团有架飞机排除了减压器薄膜损坏的故障，这种故障我过去没有处理过，回到团里就马上找到这个机组的同志取经，把他们介绍的故障现象和排除方法都记在本子上。这样做，时间一长，就能从群众中学到很多知识，不断来丰富和提高自己。

二是不断积累经验。过去，我遵照毛主席关于“要认真总结经验”的教导，长期坚持积累维护工作中的点滴经验。这些年来，我一直保持了这个习惯，建立了一个维护经验积累本，记载了全团飞机的详细情况，如发动机寿命、定期检修的时间、哪个部位什么时候发生故障、疑难故障的症状、检查发现和排除方法等等。这样日积月累，年复一年，一直坚持到现在，既使自己对飞机状况胸中有数，又学习了业务知识，积累了维护工作经验。

三是经常学习业务和技术理论。过去我们有时排除故障，往往凭经验办事，一摆弄就好了，在道理上搞不清楚。我感到长期这样下去也不是个办法，就结合排除故障来学习，有时是分析故障时去找资料，有时是排除完故障以后再去学习理论，使感性知识上升到理性知识，此外还经常复习条例和规程，并结合给空、地勤人员讲课来学习有关的技术理论。

四、艰苦朴素，不搞特殊，保持普通一兵本色

我当副团长以后，常常考虑应该怎么对待这个职务上的变化，就重温马列主义理论和毛主席的教导。毛主席谆谆告诫我们：“我们一切工作干部，不论职务高低都是人民的勤务员。”我理解，作为我们干部来讲，如何

正确对待自己的职务，是一个重要的问题。因为几千年来的旧思想，总是把当官和特权联在一起。我们共产党员不是要做官，而是要革命，职务是革命的分工，无论职务高低，都是人民的勤务员，都是普通一兵。鲁迅有句名言，就是："俯首甘为孺子牛。"我觉得，自己只有当人民大众的老黄牛的义务，没有当官做老爷的权力。

我感到要当个人民的勤务员，保持普通一兵的本色，就要从衣食住行上的小事做起。我住在机务大队，离团部十多里路，有时要到团部开会、学习，由于交通不便，团领导和同志们就叫我要个车。只要时间允许，我就不单独要车，能赶上值班车、送饭车就赶，赶不上就走。我觉得，干部战士到内场办事的很多，他们都是这样，我也应该这样做。这样走一走，腿脚勤快，对身体和思想都有好处。我在机务大队住了多年，书和衣服一直没有东西装。机场里的器材箱子也不少，有的同志劝我找一个来装东西。我想，公家的东西，一点也不能动，不能利用工作之便，侵占集体利益，不能"近水楼台先得月"，就一直没有要。直到 1974 年干部复员时，部队为他们做了些包装箱子，有的同志不要，我才花六元钱买了一个。这些看起来好像是小事，但小事是大事的开端，不好的开端再小也不能干。如果不注意改造世界观，利用自己的特权搞特殊，个人主义等资产阶级思想就会随着职权的上升而膨胀。

1975 年 2 月，我家属随军后，需要在后窗户那里架一个杖子，本来机务大队有多余的高粱秸、向日葵秆和废铁丝，拿点来用也不是大事。但我考虑到这是集体的，个人无权占用，利用职权白占集体利益，这就是搞特殊。于是，就让爱人到农村去买了一些高粱秸，自己利用星期天把杖子架起来。还有一段时间，我家做饭用的煤油炉子没有油了，正好服务社的煤油也卖完了。机务大队的同志知道后，要从机场灌点废油送来，我婉言谢绝了，让家属烧煤做饭。我爱人也是广东人，以前没有烧过煤炉子，两个小时才做熟一顿饭，还搞得满屋是烟，感到很为难。我对她说："你就锻炼锻炼这门新技术吧！"另外，我考虑到让个人和家里的生活过得简朴些也很有好处，所以，家里经常吃点粗粮，让孩子穿带补丁的衣服，也不制作什么家具。我觉得雷锋同志讲的"工作上要向标准高的同志看齐，生活上要向低标准的同志看齐。"这句话很深刻。一个人的精力总是有限的，要是在生活上盘算得多了，对工作和学习的考虑就势必会少了。再说，家庭应该成为继续革命的阵地，不应该是个人贪图享受的安乐窝。我爱人出身也很苦，有时我就和她忆苦思甜，启发她的阶级觉悟，使她受到教育，能够勤俭持家，克服困难，支持我的工作。

我深深体会到，要保持普通一兵的本色，树立为共产主义奋斗终身的思想，最重要的就是认真学习马列主义、毛泽东思想，并且发扬理论联系实际的革命学风。几年来，我遵照毛主席关于“认真看书学习，弄通马克思主义”的教导，注意抓紧学习马列主义理论和毛主席著作，通读了干部必读的六本马列著作，反复阅读了毛主席《在中国共产党第七届中央委员会第二次全体会议上的报告》《在中国共产党全国宣传工作会议上的讲话》《关于重庆谈判》和《关于正确处理人民内部矛盾》等著作。《毛泽东选集》五卷发下以后，我更加抓紧点滴时间进行学习，从 1976 年 9 月到 1977 年 7 月初，就再一次读了《毛泽东选集》一至四卷，并读完了第五卷。通过学习领会了一些基本观点，我感到胸怀更加宽广、看得更远、工作劲头更大，对待一些问题，也就容易解决了。比如，自己的岁数慢慢大了，身体又有些病，在机场工作比较辛苦，有时一天在机场有十多个小时，体力上就感到有点吃不消，有个如何对待苦与累的问题；我爱人随军后，开始不大习惯北方的生活，身体不太好，小孩也经常闹病，有个如何对待家庭具体困难的问题。遇到这类问题，我就想想革命导师要求我们共产党人为共产主义奋斗终身的伟大教导，想想革命先辈为了革命胜利而前仆后继、出生入死的革命精神，想想雷锋同志等等英雄人物，把有限的生命投入到无限的为人民服务之中去的英雄事迹，想想党和人民对自己的关怀、培养和期望，这样一想，心里就非常激动。在旧社会，我是个苦孩子，由于饥寒交迫，有四口亲人被夺去了生命。我个人能得到成长进步，所取得的每点成绩，都是毛泽东思想的哺育，由于各级党组织的亲切培育，由于周围同志的关心帮助，我只是为党做了一点应该做的工作，党和人民就给我很高荣誉。特别是我终生难忘的是曾光荣地出席了党的第九次和第十次全国代表大会，多次幸福地见到过伟大领袖毛主席。我总感到作为一个共产党员要坚持继续革命，为共产主义奋斗终身，就要发扬大干苦干的精神，舒舒服服干不了革命，干革命就不能怕苦怕累，个人利益必须服从革命利益，“小家”必须服从“大家”的利益。一定要学习和继承革命先辈在革命战争时期的那么一种拼命精神，把心用在继续革命上，把劲使在机务工作上。

英明领袖华主席为首的党中央，一举粉碎了“四人帮”，我们党、国家和军队大有希望，砸烂了“四人帮”的精神枷锁，我和大家都一样感到精神振奋，信心百倍。我决心在华主席抓纲治国的战略决策的指引下，在党委和上级的领导下，发扬我党我军艰苦奋斗、联系群众的优良传统，保持普通一兵的本色，扎扎实实地做好本职工作，为部队的革命化、现代化建设贡献一份力量。

我的汇报就到这里。

有不当之处，请首长和同志们批评指正。

（原载《学习夏北浩　推广“夏北浩检查法”》，北京军区空军航空工程部，1978 年 7 月，北京）

谈谈如何做好飞机维护工作

——在遵化部队经验交流的讲话

1978年6月27日

我到这里来主要是两项任务：第一项是向同志们学习。第二项遵照首长的指示，来和同志们共同研究交流维护飞机的情况。

下面，我想谈一谈如何以“三个负责”“三想”“四到”“四个一样”的精神，搞好飞机维护工作。对战斗胜利负责，对战友安全负责，对国家财产负责；工作前想上级的规定要求，工作中想方法和步骤，工作后想有没有遗漏；检查机件都要上上下下、里里外外该看到的看到，该摸到的摸到，该听到的听到，该嗅到的嗅到；领导在场和不在场一个样，冷天热天和一般气候条件一个样，飞机没有故障和有故障一个样，飞行结束得晚和结束得早一个样。认真地按照条例、规程和技术要求检查维护飞机，这“三个负责”“三想”“四到”“四个一样”，是我们师广大机务人员，也是全空军广大机务人员长期做好机务维护工作的总结。谈具体一点，就是在十五年前，我们师的领导干部经过长期蹲点，把广大机务人员长期做好机务维护工作的经验，加以总结而来的。1963 年下半年，我们师的领导干部又以“机组办学”的形式，组织我和当时的刘文华机械师、张文成机械师等同志来落实和推广。所以说，“三、三、四、四”是我们广大机务人员长期做好机务维护工作的结晶，不是我夏北浩的独创，我只不过是做了一点应该做的工作，但是领导机关曾给予我很高的荣誉，这使得我感到惭愧，深感自己的工作离党和同志们要求相差很远、很远。我决心为落实毛主席生前赋予我们“建立一支强大的人民空军，保卫祖国，准备战胜侵略者。”的光荣任务而在机务工作上贡献出一切力量。

要做好飞机维护工作，我认为首先要树立无产阶级的革命事业心。没有为无产阶级革命事业奋斗终身的思想，没有全心全意为人民服务的思想，没有对革命工作无限热爱的思想，说具体点，我们干机务工作的同志，如果没有对机务工作的无限热爱，就不会有“三个负责”，就很难维护好飞机。我们干机务工作和做任何工作一样，要想做好本职工作，要想维护好飞机，就要热爱机务工作。我相信在座的同志在入伍的时候，是为了履行一个革命青年“保卫祖国，准备战胜侵略者”的光荣使命而迫切要求参军。我相信同志们也不会忘记，贫下中农和亲人送我们入伍的时候对我们的重托和要求；我们经过解放军这所大学校的学习，一定会懂得人民军队的宗旨、性质和任务。毛主席教导我们：“军队是国家政权的主要成分。谁想夺取国家政权，并想保持它，谁就应有强大的军队”。同志们经过学习无产阶级专政的理论，一定会记得马克思的教导：“无产阶级专政的首要条件就是无产阶级的军队。”我们都是人民军队的一员，人民军队是无产阶级专政的柱石，我们是这一个柱石的一部分。我军在毛主席、党中央的绝对领导下，经过二十二年的浴血奋战，打败了日本帝国主义和国民党反动派，夺取了国家政权，解放了全中国。在二十八年多的社会主义革命和社会主义建设中，我军在毛主席、党中央的英明领导下，胜利地完成了保卫祖国社会主义建设，保卫人民的胜利果实，打击来犯之敌的光荣任务。在以华主席为首的党中央一举粉碎了“四人帮”的一年多来，全党、全军和全国人民都在轰轰烈烈地深入揭批“四人帮”，通过揭批“四人帮”，全国各条战线上的形势大好。作为无产阶级专政柱石的一员，我们应该怎么办，这是需要我们每个人考虑的。都应该想一想，我们怎样为巩固无产阶级专政而斗争。我们是干机务工作的，飞机就是我们的武器，是打击帝、修、反，实行无产阶级专政的武器。我们在维护飞机的时候，都应该想一想，我怎样为巩固无产阶级专政而维护好手中武器——党和人民交给我们的飞机。我入伍在航校时，当我知道党和人民需要我学习维护飞机这门技术时候，我的心情是多么的激动和高兴！像我这样在旧社会受压迫受剥削的穷人家的孩子，如果不是毛主席、共产党领导得好，怎能有今天！党和人民要自己学习维护飞机的本领，怎么能不激动呢？为了能很好地完成党交给自己的任务，我克服了各种困难，刻苦学习。当我亲手维护飞机的时候，更加深感自己责任的重大，决心做好自己的本职工作，完成党交给自己的任务。我当机械师的时候，时刻想着怎样才能为空军的建设多出一点力，这不是一句空话，是要实际行动。我觉得，作为机械师来说，就要时刻把飞机维护好，平时训练能为培养飞行员多飞一个起落，多出一分力；战时使自己维护的飞机能随时升空作战，这是一个机械师义不容辞的责任。所以，我当机械师的时候，时刻想着并千方百计地把飞机维护好，总想着，自己的飞机能为培养飞行员多飞一个起落，是自己的责任和光荣。当自己的飞机有故障还没有排除，不能参加作战训练，看到别人的飞机一架又一架升空飞行的时候，自己的心是多么难受！作为一个机械师，是飞机的主人，要为飞机的良好和安全负责到底，不但要把机械部门维护好，而且要关心、帮助、指导各专业部门在飞机上所进行的一切工作，才能使整个飞机维护好。因为飞机是个整体，哪一个专业部门的工作没有做好，飞机都不能完成任务。我当机械师时，每当专业人员到座舱、发动机排除故障时，我都经常提醒和帮助他们垫好垫布，工具拴好绳子；他们工作遇到困难的时候，想办法帮助他们解决；当专业部门排除故障、更换机件需要加夜班时，我常常陪着他们，给他们打灯，帮他们做那些自己能做的工作；他们工作结束后，复查有无遗漏东西或工作中不小心无意损坏机件。有一年夏天，天很热，我们飞机的瞄准具发生了故障，为了第二天能参加飞行，需要连夜排除，我就亲自为他们打灯、扇凉风、赶蚊子，使当时在座舱工作的刘成贵同志非常感动，他当时表示，就是不睡觉，也要把飞机搞好，保证明天飞行。

下面，结合我们团在机务维护工作中的一些实际情况，谈一谈当前在机务维护工作中我们认为应该做好的几项工作。

第一，落实航空工程机务条例和飞机维护规程的问题

我们在座的同志都会懂得：条例、规程是我们空军二十多年来机务工作正反两方面的经验的总结。所以我们相信同志们也会懂得：按照机务条例和维护规程检查维护飞机是我们做好机务工作的依据，也是检查我们机务工作的尺度。落实条例、规程对于我们做好机务工作的重要性，在这里我就不多说了。既然我们认识到这个重要性，那么在机务工作中又应该以什么样的思想、什么样的姿态、什么样的作风去落实条例维护规程呢？我们知道，条例、规程是我们做好机务工作的依据，是维护飞机的章程和准则。但是，落实条例、规程又不是很容易的。要想落实条例、规程，首先就要懂得条例、规程规定的内容，在脑子里熟记这些内容，在工作上要熟练地掌握检查、操作方法，在实践中要一丝不苟地去做。对条例、规程所规定的内容要记得、懂得、会做、照做，这就要下功夫刻苦学习。只要学习航空理论知识，懂得机件的构造、工作原理，才能懂得条例、规程为什么做这样规定。要熟记条例、规程的内容，就要刻苦学习。

我当机械师的时候，为熟记规程，经常把规程放在口袋里，在飞机待命时候，去看戏、看电影开演之

前，熄灯之前，总之利用一切可以利用的空余时间，学习规程内容，达到熟记的程度。通过自己摸索、请教别人，学会规程内容的正确操作方法。上级要求，我们对规定内容要记得、懂得，会做、照做。熟记规程内容，并且会做，这是落实条例和规程的基本条件。如果对条例、规程的内容不记得、不懂得，就无法按条例规程去检查维护飞机。毛主席说："不论做什么事，不懂得那件事的情况，它的性质，它和它以外的事情的关联，就不知道那件事的规律，就不知道如何去做，就不能做好那件事。"我们在维护工作中，如果对规程内容不会正确检查，操作方法不知道什么样是对的，什么样是错的，什么样是好的，什么样是坏的，就不可能按规程要求保质、保量地实施机务维护工作。毛主席还讲："精通的目的全在于应用。"我们对于条例、规程要懂得、记得，并且会做，是为了在实践中一丝不苟地按照它去做。如果不按照去做，就是懂得再透彻，记得再烂熟，也等于零。我亲手维护飞机的时候，无论领导在场不在场，冷天、热天，飞机有无故障，飞行结束早晚，都一丝不苟地做到看、摸、听、嗅，全面检查。实践使我懂得要一丝不苟地按照条例、规程去做，是要流汗的，要辛苦、要累。但是，实践使我更加懂得，为了战斗的胜利，为了战友的生命安全，为了国家财产不受损失，我再辛苦再累也心甜，我在工作中每时每刻都在想，宁肯自己辛苦千万次，也决不让战友担半点风险，决不让国家财产受半点损失。

毛主席曾经指出，“我们要保持过去革命战争时期的那么一股劲，那么一股革命热情，那么一种拼命精神，把革命工作做到底。”我们在座的干机务工作的同志，绝大多数人都没有经受过革命战争时期那种艰苦生活的锻炼和考验，我们没有爬过雪山，没有走过草地，也没有吃过草根和树皮。但是我们这年青的一代，要学习发扬革命老前辈的革命干劲、革命热情、革命精神，对于我们搞好机务维护工作，落实条例规程是非常必要的。没有革命的干劲和热情，没有一不怕苦、二不怕死的革命精神，要落实好条例、规程是不可能的。就说飞行后检查吧，往往是经过一天的训练飞行，已经工作了十来个小时，谁说不辛苦、不累呢？我说是很辛苦、很累的，这些我都亲身经历过，谁要是说不辛苦、不累，那他是瞎说。可是往往在这种情况下，为了保证当天和第二天的战斗和训练，还要做飞行后检查，冬天寒冷，在轮舱里更冷；夏天炎热，在发动机舱里、喷管里更热，如果没有革命干劲、极端负责的精神，“四到”“四个一样”就难以坚持。许多生动的事例证明广大机务人员，为了战斗的胜利，为了空军的建设而艰苦奋斗，忘我工作，细致地检查，做到了一丝不苟。如我们团 36 号机组机械师张立海同志，在飞行后检查中，虽然当天结束飞行比较晚，但领导根据我们团的训练特点和下一步训练计划，决定当天做飞行后检查。他不顾喷管里热气烤人，涡轮叶片烫手，坚持一片一片地摸，终于发现有几片涡轮叶片前缘打伤，受到领导的奖励。又如 35 号飞机，机械师姜义同志在飞行后检查时，发现座舱底部有个小螺钉，便认真查找，终于找到是无线电高度表脱落下来的。如二中队特设分队刘庆卫同志，平时检查时注意机件的每一点变化，在检查 52 号飞机时，通过地平仪工作声音的微小变化，及时发现地平仪工作电门接触不良的故障。再如 44 号飞机飞行后检查时，发现液压油箱增压空气少，因为他们在以往的飞行后检查时，注意掌握了增压空气的情况，在这次检查时，发现气少，就抓住了这个疑点不放，并认真追根求源查找，终于找到了 0.7 减压器薄膜破裂堵住气路的故障。从这些普普通通的例子中可以看出，只要按规程内容认真检查飞机，就能发现故障和故障的征兆；对飞机上出现的任何一点征兆、疑点，只要认真查找，就能找出故障的所在，保证安全和完成训练任务就有了可靠基础。但是，在我们机务维护工作中，也有一些同志在一些时候缺乏这种思想，在检查飞机的时候，就没有做到“三想”“四到”“四个一样”。就说我们团的例子吧，15号飞机地面检查的时候，发现空气散热器盖子螺钉脱落打坏压缩器叶片19片，打坏涡轮叶片的地面事故，就很能说明问题。这架飞机飞行了两个飞行日，做机械日时，中队、分队都布置检查进气道、压缩器叶片这项工作，但机组没有做；飞了第三个飞行日，按维护规程规定：“每经三个飞行日至少进入进气道检查一次”。本应在飞行后检查时，钻进气道检查，但机组没有按规定去做，就准备参加第四个飞行日；因天气连续不好未飞成；又经过一天的战备检查，还没做这项工作，并进行了试车；在节后开飞前检查飞机时，这架飞机在地面试车后，进入进气道检查时，才发现螺钉脱落，严重打伤发动机。又如16号飞机刹车胶带破裂。这架飞机经过飞行后检查，又经过预先机务准备，但都没有按规定内容检查，结果在飞行前发现胶带破裂。再如31号飞机，飞行前在座椅底部发现一个小螺钉，因在起飞线没有找到螺钉脱落的地方而拉回不能参加飞行。经过查找是无线电测距检查盒电缆卡子螺钉脱落下来的。这架飞机在前一天飞行后结合机械日的工作时，没有按规程内容检查座椅底部，结果飞行前才发现小螺钉，影响飞行任务的完成。再如一架教练机经过飞行后和机械日两次检查，前轮错线很明显都没有发现，而飞行前在起飞线发现。为什么规程规定的内容，上级布置的工作，可以不检查、不做呢？问题就是在一些同志中缺乏认真负责、一丝不苟的精神。从以上正反两方面的例子可以看出，在机务维护工作中，只要认真负责、一丝不苟地落实条例、规程，检查中做到“三想”“四到”“四个一样”，飞机上的故障缺陷就能及时发现，保证安全，完成训练任务就有可靠的基础。相反，如果检查不认真，条例、规程不落实，飞机上的故障、缺陷就发现不了，安全就没有保证，训练任务就不能完成。在这里有一个很重要的问题，就是我们做机务工作的同志，特别是机械师能否在任何情况下，都按照条例、规程规定的内容，按照检查路线，认真地、一丝不苟地实行全面检查。

第二，正确对待和落实上级的通报、指示

在机务维护工作中，认真落实上级的通报、指示要求，对于我们搞好机务维护工作、保证飞行安全是一项很重要的内容。特别是在当前，在航空产品质量存在一定问题的时候，尤其重要。要想落实好上级的通报、指示要求，首先要解决一个认识问题。毛主席讲：“对于上级机关的指示，要经过详尽的讨论，以求彻底地了解指示的意义，并决定对它的执行方法。”上级发的通报、指示，是领导机关根据各方面的实际情况和发生的

问题，所采取的措施，是为了避免问题的重复发生，这是上级机关“向人民负责”的表现。所以，我们也要以“向人民负责”的态度，积极、认真落实这些措施，不能消极，更不能埋怨。在机务维护工作中，许多同志认真落实上级的通报、指示、要求，及时发现了问题，保证了安全和国家财产不受损失。如前几年上级根据工厂的某些歼–6飞机涡喷–6发动机存在产品质量问题和部队发生的事故，规定对某些发动机飞行后都要钻进气道检查进气装置、十字架有无裂纹。在座的同志都知道，钻进气道确实不是那么好受的，我钻进气道的次数也很多，我个子小，爬进气道容易些，但也不是好受的。任何爬过进气道的同志都会有感受，所以这个通报规定，对外场维护工作带来很大麻烦，特别是对机组工作增加了一定的困难。但是，大家经过学习和领导的教育，认识到执行上级指示对保证安全的重要意义，认真执行了这个通报指示，及时地发现了几架飞机的十字架裂纹，排除了故障，避免了问题的发生。近来，这批发动机的故障已排除完，不存在了，但产品质量仍存在一定的问题，同志们根据以往通报的精神，经常地认真地进行检查。如51号、37号飞机吴其等同志及时发现十字架裂纹，加以排除。但也有的同志认识不足检查不细，严重裂纹没有发现，如43号、47号飞机裂纹长达百毫米，机组没有及时发现，险些飞掉，威胁飞行安全。所以，我们机组、专业组的同志，都要对国家财产，对战友安全负责的政治责任心，落实上级的通报、指示。近几年来，上级的通报很多，各个部队都有。我们每个同志在维护工作中，都要经常想一想上级的通报、指示在自己部门里都落实了没有。比如说，某厂某批发动机加力燃烧室快卸固定环螺杆因质量不好，曾多次折断，危及安全，通报规定要更换合格的螺杆。有的同志不但在接到通报时认真地检查、落实，而且在尔后更换发动机时都想一想、检查一下，新换上的发动机是不是通报中所列的发动机，螺杆换了没有？但是，也有些同志对上级的通报、指示，没有以“向人民负责”的态度认真落实。如军械早有通报，为了避免照相枪指示器卡住胶卷，而通报决定拆除照相枪指示器，可是有的同志重视不够，落实不认真。如 42 号飞机换了照相枪后，军械的同志也知道通报要拆除指示器，但怕麻烦，图省事，想在飞机做定期工作时再拆除，结果在一次合练时胶卷被卡住，影响了任务的完成。因此，对待上级的通报、指示，领导者要经常检查落实情况，每个同志在干具体工作的时候，要经常想着上级的通报、指示，并认真落实。只有这样，失败的教训、航空产品的缺陷，就能通过我们的努力而弥补。

第三，做好飞机预防性工作

在机务维护工作中，搞好飞机的预防工作，对于提高飞机维护质量是很重要的。如何做好预防故障的工作，我看有两点在我们日常维护工作中是值得注意的：第一点，要摸清机件变化的规律，做到心中有数；第二点，要注意搞好经常性的保养工作。

第一点，要摸清机件变化的规律，做到心中有数。在我们维护工作中，能不能掌握机件的变化规律，就是能不能掌握维护工作中的主动权。只有掌握了机件的变化规律，才能及时采取措施预防故障，才能及时发现故障、排除故障，使工作始终处在主动地位，使飞行安全建筑在可靠的基础上。不然，量变不注意，质变就止不住，故障就会堵不胜堵，就会使我们的工作处在被动地位，从我们过去在维护工作中所掌握的机件变化规律来看，飞机虽然很复杂，但每一个机件的变化都有它的内在规律，都是可以掌握的，毛主席讲："无论什么事物的运动都采取两种状态，相对静止的状态和显著的变动的状态"，这就告诉我们，每一个机件的变化，每一个故障的出现，从量变到质变，也就是说从好到坏，从正常工作到不正常工作的发展过程中都"有征兆可寻，有端倪可查，有前后现象可供思索。"问题就在于我们维护工作中，不断地总结这些经验，掌握它的变化规律，并应用于我们的维护工作中。在这方面，在以往的机务维护工作中，广大机务人员已经总结出许多的经验教训，《为什么，怎么办？》就是其中的一部分。对于前人经过长期实践所总结的经验教训，我们要认真学习它，应用它，同时在实践中还需不断探索那些还没有被我们认识的问题，总结那些还未被认识的故障规律。毛主席说："人的认识物质，就是认识物质的运动形式，因为除了运动的物质以外，世界上什么也没有，而物质的运动则必取一定的形式。"

在飞机的维护工作上，有许多现象是可以供我们分析故障，掌握机件变化的。因为飞机上的机件很多，每一个机件都有它的内在的变化规律，所以现象很多，但是最主要的、最常见的还是以下几种：一、机件工作的声音颜色是不是正常；二、机件工作后的形状有没有变化；三、机件有没有发生位移；四、性能参数有没有改变。下面就具体点说一说：

第一是从机件工作的声音、颜色来判断机件是不是正常。毛主席讲："自然界存在许多的运动形式。"声音、颜色的变化是机件运动过程中发生变化的一种表现，在我们维护飞机的过程中是经常遇到的，比如前支柱万向接头螺杆有没有缺油、生锈来说吧，开始润滑不良时，在拉飞机、推飞机的时候，如果注意听，就会听到咔咔的轻微声音，这时如果不拆下清洗润滑，而继续硬用的话，时间长了在拉飞机时，在座舱里、牵引车上都会听到嘎嘎咔咔的摩擦声，这时如果还不清洗润滑，就会把螺杆磨损。我们判断发动机的工作是否正常，有许多是可以通过声音来判断的，如发动机离合器好不好，起动时，一听就知道，如离合子弹力正常时，在起动按下按钮过程中，只能听到咔哒一声，如果离合子弹力变小时，就会听到咔哒哒两三声，这就是离合器打滑的声音，如果离合子弹力越来越小，打滑的声音就会越来越长。专业的同志，通电时听油泵、变流机、转弯仪、照相枪等机件的声音也是如此。关键的问题就是每个维护飞机的具体人，要掌握各个机件工作时，什么样的声音是正常的，什么样是不正常的，用对比的方法掌握机件的变化。

机件工作时受温、受压、转动、通过电流等等，有的机件的变化是通过颜色表现出来的。比如涡轮叶片、导向器叶片，它受高温后会变成炭黑色，如果发动机工作喷咀雾化不好，如起动温度过高，通过涡轮叶片、导向叶片、喷管的颜色是可以看得出来的。例如，我团 90 号教练机，在一次飞行后检查时发现左下方两片导向器叶片呈现炭黑色，和其他导向器叶片不一样，喷管左下方也有烧焦的痕迹，经分析判断是喷咀雾化不好，开车看火焰时，那个喷咀的火焰又大又红，经拆下喷咀检查证实是喷咀雾化不好所造成，及时排除了故障，避免烧坏发动机。某年39号飞机飞行时右发两片导向器叶片已经烧断，二级涡轮叶片全部打坏。当时机械师很担心，以为是他起动超温所造成。我进入喷管检查时，发现两片导向器叶片烧断，周围几片呈炭黑色，而其他的导向器叶片颜色没有变，我根据这样的情况判断，不是起动超温所造成。经检查，一个工作喷咀头松动，是雾化不好所造成。许多地方可以从颜色的变化来判断机件的故障，发动机舱里煤油系统机件渗油时，经过发动机的工作后，渗漏煤油的机件周围开始会出现白的液体，渗漏滑油机件周围开始发亮，随后就粘满尘土等。总之，只要认真注意机件颜色的变化，就能帮助我们发现和判断故障。

第二是从机件的形状有没有变化判断故障。机件在工作时受温、受压、受各种载荷等等外力的影响时，就会产生形状的变化，如果机件受到外力的影响不一致时，形状变化就不一样。大于它自身所能承受的负载时，就会产生永久性的变形，以致损坏。发动机超温首先看到的是喷管和二级导向器叶片变形甚至裂纹。上面说过的歼–6飞机39号机和教练机90号机喷咀不好，产生局部温度过高时，喷管都是局部变形的。再如常说的进气道的变形，就是因为油箱在地面增压和保险活门有故障，油箱压力过大，使蒙皮超过它所能承受的强度时而永久性的变形。所以，进气道变形都在进气道内侧9~15框架处，常见的轮胎气压、缓冲器气压大小等，首先通过它的形状改变来判断的。

第三是从机件有没有发生位移来发现判断故障。这在我们机务维护工作中是很普通的、很多的，飞机上很多机件，很多部位都划有红线标记，目的就是便于我们检查时，通过标记有没有移动来判断机件是否正常。例如，轮胎错线，如果不及时发现排除，飞行时很容易把气门芯别断而爆破，一个卡箍移位都能使机件不能正常工作，滑行灯卡箍移位后，没有发现，飞行时前起落架收不上或将滑行灯撞坏，是不止一次的。我再举个小例子说吧，我们38号飞机在一次飞行时，右轮舱盖不能上锁，双机返航，什么原因呢？就是因为轮舱盖锁扣齿板移动了三个齿，飞行后没有发现，一个小齿板移动三个齿，一根小红线错位，看起来是个“很小”的“小问题”，可是它影响飞行训练任务的完成，使国家财产造成很大的浪费，类似这样的事例很多，不必多举。

第四是从机件的性能参数有没有改变来判断故障。通过机件性能参数的变化来分析判断故障，这是我们维护工作中最常见、最大量的，因为飞机上机件很多，各个机件有各自的性能参数和变化规律，所以，我们每个具体维护飞机的同志，要用心掌握自己所维护的机件的性能参数，并根据性能参数的变化，来分析判断故障。拿液压油泵来说，只要熟记它的性能参数的要求，并用五个对比的方法加以判断，就能及时发现油泵的不正常现象，采取措施加以预防和排除。机械的同志，对本机发动机每次试车的各种数据，记得清楚的话，就能通过数据的变化掌握发动机的工作情况，出现不正常现象时，就能及时发现。通过性能参数的变化及时发现故障的事例很多，就不多说了。在维护工作中掌握这些规律是为了便于我们通过现象和征兆发现故障的萌芽，加以预防，也便于我们发现故障加以排除，当我们发现故障的现象和征兆时，要认真追根求源，彻底排除。掌握机件的变化规律就是要我们在维护检查时做到："声音要听清，颜色要看清，性能参数要记清，形状不能变，位置不能移。"

第二点，搞好经常性保养工作。在飞机维护工作中，搞好经常性的保养工作，是保持机件性能，延长机件寿命，预防故障的重要措施。但是在以往的维护工作中，往往没有被人们重视，认为清洁润滑等工作可做可不做，做好做不好也不会危及安全、影响任务。因为这些不正确的认识，所以在维护工作中不重视它。从以往的经验教训来看，对飞机的清洁、润滑等保养工作做得不好，不是不危及安全，不影响任务。而是直接危及安全，影响训练任务的完成。一根毡毛进入发动机燃料系统，使发动机空中停车、造成严重事故。一点脏物进入液压系统，使液压泵打不上压力，造成应急放起落架，类似这样的事例很多。在座的许多同志，有的听说过，有的亲身经历过。清洗、润滑工作不注意，也一样会影响任务、危及安全。就我们团的例子来说吧，31 号机在一次飞行时，起落架收上的时间很长（一分半钟），原因就是收放动作筒下接点固定螺杆，长期不清洗润滑、螺杆干磨而造成的。又如 21 号机飞行员在空中推油门时越推越紧，着陆后用很大力气也难以推动油门，也是因为座舱内油门固定轴长期不注油润滑，造成干磨的结果。类似起落架锁钩不注意清洁润滑，使起落架不能正常上锁，放气带电门传动机构不注意清洗润滑，使喷口不能正常工作等等，事例是很多的，它同样会影响任务的完成，也同样会危及安全，我们不能轻视它。

第四，做好组织管理工作，消灭人为差错

搞好组织管理，才能消灭丢、错、漏、损，做好飞机的维护工作。特别是人为差错，对安全威胁很大。因

为它不像机件的故障那样，还有个发展过程，有个征兆可寻，有个前后现象可供思索，人为差错会立刻威胁安全。因此在维护工作中要千方百计地消灭人为差错，才能确保飞行安全。在机务维护工作中，怎样去消灭人为差错呢？我认为需要做好以下几方面：（一）周密计划，周密分工；（二）互相复查，互相提醒；（三）老老实实地按规定办事。

一、在机务工作中，周密计划，周密分工，这对各级来说都是重要的。尤其对机组、专业组，更为重要。因为在日常维护工作中，大量的具体工作都是在机组、专业组实施，也就是说，许多工作，是由各类师、各类员具体进行的，机组、专业组的计划不周密、不细致、不具体，就会出乱子。如何搞好小组的组织分工呢？首先是制订好小组的工作计划，这个工作计划要依靠小组的每个成员，发动他们考虑和提出问题，小组长要根据小组人员提出的工作，结合本小组的具体情况拿出主见，订出一个切合实际的计划。小组订出计划以后，要使每个人都能知道这个计划和实施这个计划的意图，才能在实施中搞好协调配合。怎样根据计划周密分工呢？我认为有以下几点供大家参考。

第一，要根据人员的工作能力和技术条件来分配工作，要把每一项工作分配到能够胜任的人去完成。对于技术熟练，所分配的工作已经干过多次的人去做时，就要提出防止麻痹、蛮干；对于技术水平差一些，或者第一次去做这项工作的人，就必须详细交代工作方法和注意事项，并在实际操作中具体指导。

第二，计划分工一定要有重点和主次。要根据时间和技术力量，要按主次安排工作顺序。需要排除的故障、主要的工作一定要安排先干，同时必须考虑到每项工作的互相关联和影响。

第三，在工作多、任务重，或遇到意外故障、发生意外问题的时候，小组长的头脑一定要清醒，要及时做好组织工作，重新调整人力、物力，防止问题的连锁反应。

第四，在工作实施过程中，一定要掌握好，工作要一件一件地干。作为干具体工作的人来说，不要干这项工作，又想那项工作，这项工作未干完，又干那项工作。作为计划分工的组织者来说，不能让正在实施某项工作而尚未完成的人去做另一项工作，特别是机件的拆装，要做到拆装不换手，谁拆谁装，没有非常特殊的情况，都要专人自始至终完成。

二、在机务工作中，互相复查，互相提醒，是作好机务工作，防止丢、错、漏、损的一项不可缺少的措施。讲互相复查之前，首先要强调作为第一道手工作的每个人，在干每一项具体工作的时候，都要按照技术要求。认真细致地把每一项工作做好。同时要求每一个人在工作结束后，都要认真地想一想自己所做过的每一项工作，是否做得完全彻底。在强调做好第一道手工作的时候，同时还强调互相复查、互相提醒。因为一个人的技术水平和精力是有限的，在干工作的时候，因为外界的影响和一时的粗心大意，可能在工作中产生漏洞，这些漏洞发生后，经过互查，能及时发现，及时排除和纠正，不致带到空中危及飞行安全或影响任务的完成。要想做好互相复查、互相提醒，还要解决一个认识问题，排除那些不正确的思想障碍。对干部来说，对下级的工作进行认真的复查和提醒，是对工作负责的表现，也是自己的责任，不能怕别人说自己对下级工作不信任。对下级来说，应当认识到，领导对自己工作的复查、提醒，是领导对工作负责的表现，不能看成是领导对自己工作的不信任。因此，我们要以毛主席“对工作极端的负责任”的教导，对待互相复查、互相提醒。干部要认真地、主动地复查下级所做的工作有无漏洞；作为下级来讲，在完成领导交给的工作以后，要主动地向领导报告自己的工作情况，并请求领导复查。我当机械师的时候，认真复查机械员所做的工作，同时要求机械员对自己的工作进行复查。我团在机务工作上，许多同志坚持互相复查、互相提醒，及时发现、纠正了不少错漏现象。如定检中队特设分队长任宗周同志，一架飞机定检工作过程中，推出外面试车之前，他坚持了复查制度，及时发现反流割断器正负线接反，避免了问题的发生。但是也有一些同志，对这个问题认识不足，责任心不强，对下面所做的工作，过分相信，不去认真地复查，结果发生了问题。如我团一架飞机机械员把一个660×160的外胎装在660×200的内胎上，并装在歼–6飞机上，机组没有复查发现，在飞行前拉飞机时听到机舱有响声，停下来检查，才发现外胎规格不对。

三、老老实实地按照规定办事。毛主席教导我们说："我们应该是老老实实地办事，在世界上要办成几件事，没有老实态度，是根本不行的。"在我们机务工作上，老老实实地按照条例、规程、规章制度办事，这是做好机务工作的好方法，决不是愚蠢的做法。可是有的同志就不这样想，不这样做，在工作上怕麻烦、图省事，不按规定办事，结果吃了亏。在机务工作上，许多同志老老实实地一丝不苟地按规定办事，避免了许多问题的发生。

我团二中队的同志，牢记上级关于防止误投副油箱的规定，认真执行这些规定，多次避免了误投副油箱。如一架飞机飞行前投副油箱，机组叫军械员王文同志抬副油箱，王文同志想到上级的规定，主动问机组同志打开盖子看了没有？机械师说：“我用手拍了，没有油。”王文同志坚持要打开盖子检查，并主动拿扳手打开盖子，结果副油箱内有100多升油。又如，52号飞机，在值班时，因为要参加第二天飞行，晚上撤班后抽油，一个新机械员经验不足，一边副油箱的油没抽干净。第二天飞行前准备时，另一个机械员魏逸竞同志脑子里想着上级的规定和措施，认真地按规定打开盖子检查，结果发现右副油箱后舱剩油近300立升，避免了误投副油箱的发生。

可是，有的同志自作聪明，不老老实实地按规定办事，结果发生了问题，给国家财产造成了很大损失，这样的教训也是很多的。就我们团来说，在发动机舱里工作时，不垫抹布、工具不拴好绳，掉毛刷、掉工具、掉零件到发动机舱里，造成脱尾部、脱发动机，浪费人力、物力，不止一次。在防止误投副油箱的措施里，明确要求：不论在什么样的情况下，投副油箱之前，必须打开油箱盖检查油箱有没有油。可是，有的同志就不这样做，如一中队98号飞机机械师，在投副油箱之前，用手拍一拍副油箱，认为没有油就投，结果，油箱内有油近300升。教训更加深刻的是，1975年2月4日，定检中队将一台发动机摔到地上，造成了地面事故，原因很简单，就是政治责任心不强，不按规定办事。他们1月22日将51号飞机的发动机换下，做第一道手工作的机械员，没有按规定将固定发动机的四个销子打好保险，而机械师、分队长认为是换下的旧发动机而没有严格要求，督促机械员及时打好保险。春节后，第一天上机场工作，将此发动机拉去装箱，在行进的过程中，当发动机拉了42米的时候，由于右后方的固定销子脱出，将左边固定接耳螺杆折断，前支架向前倾倒，发动机从支架上滑到地上，使发动机附件导管损坏，给国家财产造成损失。1976年9月26日打坏待修发动机，这个教训也是很沉痛的。这些经验教训说明，在我们机务工作中，只要认真地、老老实实地、一丝不苟地按照条例、规程、规章制度办事，工作就能做好，如果怕麻烦、图省事、自作聪明、不按章办事，就一定要出问题。因此在我们机务工作中，要时刻牢记毛主席关于“我们应该老老实实地办事”的教导，学习大庆人“三老四严”的好思想、好作风，认真落实条例、规程、按章办事，搞好机务维护工作。

今天，占用了大家的一些时间，你们在机务维护工作中，有许多好经验、好作风，我一定要把你们在机务维护工作中许多的好经验、好作风变成自己的，变成我团广大机务战士的。在今后的机务工作中，为建立一支强大的人民空军，为巩固无产阶级专政做好机务维护工作。因为自己的水平很低，讲话中不免有错误的地方，请同志们批评指正。

（原载《学习夏北浩　推广“夏北浩检查法”》，北京军区空军航空工程部，1978 年 7 月，北京）

维护歼-6飞机的“133条”经验

——夏北浩

项次	内容	检查方法	检查时间
发动机舱			
1	前油箱出口大螺帽渗油	看	飞行后
2	液压系统程形电门漏油	看	飞行后
3	起落架、襟翼电磁开关电磁铁心部分渗油	反	飞行前、后
4	ΓA-89调压螺塞渗油	摸、反	飞行前、后
5	红油回油自封接头固定卡子裂纹	看	飞行后
6	通地面接头回油导管裂纹(卡子)	看	飞行后
7	助力油泵出口之软管5ΦΓ-11接合处漏油	看、摸	飞行后
8	高压油滤接合处渗油	反、看、摸	飞行前、后
9	助力高压油泵细油滤铅垫接合处漏油	左看、右摸	飞行后
10	高压油泵出口导管咀接合处渗油	看	飞行后
11	汽油软管和起动电磁活门渗油	看	升车
12	高压油泵上部汽油导管固定钉易松	看	飞行后

续表

项次	内容	检查方法	检查时间
13	106加温单向活门螺钉易松	摸、看	飞行后
14	加温导管和附件机匣接合处石棉垫容易破、掉	看	飞行后
15	滑油回油夹布软管易渗油	看	飞行前、后
16	起动箱上部小包皮一字螺钉松	看	飞行后
17	防火开关固定螺钉易掉	摸(甲乙)	飞行后
18	ИN-9进口夹布软管渗油	看、摸	飞行前
19	ИN-9固定座接合处渗油	摸、看	飞行前
20	耗油表传感部夹布软管渗油	看、摸	飞行前
21	前油箱СД-3接合处钢纸垫渗油	看	飞行前
22	耗油表传感部弯管40号螺帽接合处漏油	看	飞行前
23	附件机匣大螺杆易断	摸、看	飞行后
24	高压油泵发电机漏油管易断	看、摸	飞行后
25	主燃料泵加力燃料泵夹布软管漏油	看	飞行后
26	主燃料泵进口导管接合处渗油	摸、看	飞行前
27	主燃料泵液压延迟器节流器、回轮活塞节流器、加力燃料泵节流器，三个定径孔渗油	看	飞行前
28	防火开关压紧螺帽漏油	看、摸	飞行前
29	几电门传动机构7号螺帽易掉	看	飞行后
30	ИN-9出口管和放气带处固定螺钉易掉	摸、反	飞行后
31	高压油箱回油滤和油箱出口接咀接合处漏油	看	飞行前、后
32	发动机操纵系统牙齿易松错	反、看	飞行后
33	ГА-57协调活门堵塞渗油	反、看	飞行前、后
34	滑油泵出口接咀接合处渗油	看	飞行后
35	上部煤油密封接头钢纸垫接合处胶垫接合处渗油	摸	飞行前后
36	上部煤油密封接头固定螺帽易掉	看	飞行后
37	低压煤油滤接合处渗油	摸	飞行前

续表

项次	内容	检查方法	检查时间
38	滑油箱通放油开关夹布软管漏油	摸	飞行前
39	滑油箱盖保险片易裂、断	看	飞行后
40	滑油箱回油单向活门渗油	看、摸	飞行前后
41	加温525电动机导管容易裂	看	飞行后
42	蓄压器大螺帽接合处容易漏气漏油	看	飞行前
43	起动油泵出口软管接合处漏油	看	定期
44	汽油泵进口导管与油箱结合处漏油	看	开车或增压
45	放气轮动作筒漏油	看	开车
46	1.5保险活门钢纸垫处漏油	看	飞行后前
47	油门轴处漏油	看、摸	飞行前
48	P2P4夹布导管容易松	摸	飞行后
49	P2弯管与P4调节器结合处漏气	听、判断	飞行后
50	放气带电磁活门结合处漏油	看	飞行后
51	高压油箱盖和助油箱盖垫子易裂纹	看	飞行后
52	发电机通风散热口容易裂纹	看	飞行后
53	减荷腔通风罩容易裂纹	看	飞行后
54	予燃室节流器到汽化器○形管容易断	看	飞行后
55	主油压系统自封接头结合处漏油	看、摸	飞行前后
56	三、四油箱通气软管渗油	从安定片判断	飞行前
57	离心活门进口和出口导管接合处	看	开车时
58	离心活门薄膜破裂漏油	看	飞行后
59	液压油泵结合处渗滑油	看、摸	飞行后
60	发动机液压油滤20框架固定架焊接时容易裂纹	看	飞行后
61	滑油箱高压油箱、汽油箱、前油箱、后油箱保险丝容易断，仓盖易掉，盖子容易盖不平漏油	看	飞行前

续表

项次	内容	检查方法	检查时间
座仓部分			
1	座仓盖加温导管焊接卡子易裂	看	飞行后
2	座仓盖玻璃前风挡两边和活动座仓与骨架结合处易裂	看	飞行后
3	座仓盖固定锁弹簧易裂	看	飞行后
4	座仓盖密封开关易漏气	听、判断	预准备飞行前
5	密封系统28保密活门易跑气	听、判断	预准备飞行前
6	应急刹车减压器易漏气	听、判断	预准备飞行前
7	П9-7、П9-8漏气或放气不好	听	预准备飞行后
8	减速板滑动电门固定螺钉易松	动	飞行后
9	协调钢索刹车钢索球形部分和弧套处易断线	看	定期检查
10	自动刹车动作筒易漏油(冬天)	摸	飞行后
11	座椅后冲筒易漏油(冬天)	看	定期
外表着陆机构部分			
1	国产飞机水平隔腔前上方易裂纹	爬入进气道看	定期检查
2	进气道水平隔腔后缘椭圆形蒙皮处易裂	爬入进气道看	定期检查
3	进气道扩散部分特别是发动机定位销孔四个铆钉容易松动	爬入进气道看	定期检查
4	前轮接耳易裂纹	看	飞行后
5	前9П-30固定卡子易裂	看	飞行后
6	滑行灯安装架易裂	看	飞行后
7	前轮仓盖折杆下固定座易裂纹	看	飞行后

续表

项次	内容	检查方法	检查时间
8	主前轮刹车盘梅花螺帽扣9П-30放气活门易漏气(冬天)	听	飞行前后
9	前主后冲器易漏油	摸、看	飞行前后
10	前后冲支柱保险丝易断	摸	飞行后
11	减摆器大螺帽处易漏油	看	飞行前后
12	减摆器轮易断	感觉	飞行后
13	前主起落架作动筒收上软管易漏油(冬天)	看、摸	飞行后
14	前减速板收上导管接咀垫子处易漏油	看	飞行后
15	前减速板内蒙布易裂纹	看	飞行后
16	三个加速版转轴处易漏油	看	飞行前后
17	涡轮冷却器导管在拐弯处及固定点连接处易裂	看、摸、反	飞行后
18	刹车胶带易裂漏(特别是夏天)	听	飞机着陆后
19	协调活门顶杆双用活门、油压锁铝接咀与机件结合部分易漏油	看、摸	飞行后前
20	三角包皮连接杆两个固定螺钉易松	看、动	飞行后
21	主起落架大轴定位锁易断	看、动	飞行后
22	轮仓盖锁扣齿板易错开	看	飞行后
23	主机轮盖易裂纹	看	飞行后
24	支柱软管易漏气	听、判断	飞行前预先准备
25	P-50减压器进气活门保险活门易不密闭	判断	预先准备飞行前
26	三角包皮调整螺杆和轮仓盖作动筒固定螺帽易松	看红线	飞行后
27	B9-13、B9-149C活塞杆活针进出口压紧螺帽铝垫子和高压软管接头处易漏油	看	定期打开检查
28	机刀易裂纹	看	飞行后
29	甲乙空速管焊接处裂纹	看	飞行后

续表

项次	内容	检查方法	检查时间
30	付翼翼尖处上部蒙布易裂纹	看	飞行后
31	襟翼靠机身处固定整流带的三个十字螺钉易松动	看	飞行后
32	机身整流包皮襟翼下部处易裂纹	看	飞行后
33	襟翼导向滑轨万向接头固定螺钉易松	看	飞行后
34	油箱帽压系统单向活门与发动机连接导管易断裂	看、动	飞行后
35	三油泵出口夹布导管易漏油	看	飞行前后
36	三油泵堵塞处渗油	看	飞行前后
37	左右减速板导管卡子垫子易掉	看	飞行后
38	一字窗口盖易飞掉	盖前看、盖好后拍	飞行前、再准备
39	尾锥包皮十字螺钉松	看、紧	飞行后、再准备
40	尾锥易裂纹	看	飞行后
41	尾锥蒙布易裂	看	飞行后
42	着陆伞锁钩螺杆固定处易裂	看	飞行后
43	着陆伞后隔板易裂	看	飞行后
44	喷管加力燃烧室焊缝处易裂特别是涡轮后	看	飞行后
45	喷口作动筒和节流器易渗油	看	飞行后
46	喷口吊环螺帽松	看	飞行后
47	地面接头垫子易渗油	看	飞行后
48	地面接头、地面电源插头冷气盖等弹簧片易裂断	看	定期检查
49	冷气开关密封垫易漏气	听	飞行后
50	前起落架作动筒上固定螺帽松	紧	定期
51	前缓冲器衬筒转动	看	定期

续表

项次	内容	检查方法	检查时间
52	前轮大轴易产生纵向裂纹	探伤	定期
53	轴承支架易变形	看	定期
54	回油活门转换活门调压螺帽处易漏油	看、摸	定期
55	喷口减速板定量器中间结合部分渗油	看、摸、反	定期
56	各节流器结合部分易渗油	看	定期
57	减速板单向活门膨胀活门结合处漏油	看	定期
58	方向舵拉杆(靠着陆伞 А Б−48处)保险螺帽松	摸	定期
59	汽油开关钢纸垫部分漏油	看、闻	定期
60	下部煤油自封节头钢纸垫处易渗油	看	飞行后
61	减速板自封节头结合处易漏油	看	飞行后

后记

目前，对机械师尖兵、雷锋式干部、100位新中国成立后国防和军队建设先进模范人物——夏北浩和“夏北浩检查法”文献资料整理的框架为:《夏北浩自述》《夏北浩故事》《夏北浩事迹》《夏北浩画册》;《“夏北浩检查法”》《夏北浩精神》《航空机务优良维护作风谱系》《为什么是夏北浩?》;《夏北浩精神与优良维护作风》《弘扬夏北浩精神 学习推广“夏北浩检查法”》《“新夏北浩检查法”夏北浩模范机务中队》。

《夏北浩自述》是来源，是这套资料中最为重要的一本书。《夏北浩自述》收录夏北浩的发言稿6篇、自传1篇和夏北浩总结的维护歼-6飞机的“133条”

经验。通过夏北浩发言稿、自传等，对夏北浩事迹和“夏北浩检查法”较为系统和详细的阐述，能够帮助理解“夏北浩检查法”中蕴含的先进思想、优良作风、过硬技术和科学方法的精神内涵。《夏北浩自述》的内容，与《夏北浩故事》《夏北浩事迹》《夏北浩画册》一脉相承。

《夏北浩故事》是综述，内容来自夏北浩的发言稿、思想自传，空军历次学习夏北浩精神、推广“夏北浩检查法”的会议文件和首长讲话，夏北浩战友的回忆文章、述评，夏北浩曾经传授经验部队的报告、接受过夏北浩传授经验人员的文章等历史文献资料。以夏北浩的成长经历和“夏北浩检查法”产生、丰富、总结、学习、推广的过程为线索，讲述夏北浩平常而感人的事迹、平凡而伟大的一生。

《夏北浩事迹》是细节，内容包括两个部分：第一部分，选载 1964~2011 年报纸、杂志有关夏北浩事迹的文章。第二部分，选载 1964~1966 年学习、推广、普及“夏北浩检查法”的文章。从梳理的夏北浩事迹和“夏北浩检查法”产生、学习、推广、普及过程的相关历史文献资料中，能够较为详细地看出“夏北浩检查法”的具体内容、内涵精神，学习、推广、普及“夏北浩检查法”的过程和方式方法，以及运用“夏北浩检查法”的心得体会。

《夏北浩画册》是概要，通过大量的照片、图片和文献资料，简要介绍夏北浩精神——先进的思想、优良的作风、过硬的技术、科学的方法的内涵，展现了夏北浩热爱党、热爱祖国、热爱航空机务的精神内涵，展示夏北浩创造的“三个负责”和“夏北浩检查法”所蕴含的精神要义。

在前面四本书的基础上，编写了《夏北浩精神》和《“夏北浩检查法”》，两本书相互印证，构成一体。

《夏北浩精神》内容共四部分：第一部分：“夏北浩检查法”历史沿革。第二部分：“夏北浩检查法”解读。第三部分：“夏北浩检查法”评述。第四部分：历史文献中对夏北浩事迹和“夏北浩检查法”的评价阐述。主要对“夏北浩检查法”历史沿革进行较为系统的概要总结梳理，对夏北浩事迹和夏北浩精神进行提炼和评述。

《“夏北浩检查法”》对“夏北浩检查法”的历史沿革和传承过程进行全面系统的梳理，内容按照时间顺序，以会议文件资料为主线，同时选取补充不同时期报纸杂志的文章，详细阐述“夏北浩检查法”的发现、总结、学习、推广、普及过程。

在梳理夏北浩事迹、整理“夏北浩检查法”历史沿革的基础上，研读空军、航空机务历史及其相关文献资料，撰写《航空机务优良维护作风谱系》和《为什么是夏北浩？》，两本书从空军航空工程工作发展过程中、从航空机务历史发展的脉络中，阐述“夏北浩检查法”的意义、作用和地位。

《航空机务优良维护作风谱系》，内容主要是对航空机务在不同时代、不同阶段出现的优良传统、优良维护作风和工作方法进行系统梳理、总结、分析，航空机务每一个优良传统、优良维护作风和工作方法的提出，都具有其历史背景和时代意义，从航空机务历史发展的整体构架中，来理解“夏北浩检查法”产生的历史原因和现实意义。

《为什么是夏北浩？》，从纵横两条线详细梳理分析“夏北浩检查法”产生前整个航空工程机务的状况，解读“夏北浩检查法”诞生的时代意义和作用，对后世的影响和现实意义，是《航空机务优良维护作风谱系》的拓展、深化和聚焦。

在整理有关夏北浩的文献资料时，收集了大量的关于夏北浩事迹、“夏北浩检查法”的相关文章，按不同主题归纳为《夏北浩精神与优良维护作风》《弘扬夏北浩精神 学习推广“夏北浩检查法”》《“新夏北浩检查法” 夏北浩模范机务中队》，这三本书是“夏北浩检查法”和夏北浩精神对后世的影响相关文章的编辑，展示了航空机务行业对“夏北浩检查法”的研究、发展、学习、认知的过程。

《夏北浩精神与优良维护作风》，收集了航空机务行业的专家学者和部队官兵对“夏北浩检查法”内涵的解读，对夏北浩精神的阐述；同时收集了部分关于航空机务优良维护作风内涵阐述的史料文献、研究文章，从中可以看出航空机务优良维护作风与“夏北浩检查法”、夏北浩精神之间的联系。

《弘扬夏北浩精神 学习推广“夏北浩检查法”》，收集从1990年到2017年，《空军报》《航空维修》《航空杂志》《空军装备》《航空维修工程》等报纸杂志刊发的一系列学习、推广、普及“夏北浩检查法”的做法和继承、弘扬夏北浩精神的文章。这些文章展现了在不同时期、航空机务行业不同单位对“夏北浩检查法”和夏北浩精神的认识。

《“新夏北浩检查法” 夏北浩模范机务中队》，收集整理了关于“新夏北浩检查法”和“夏北浩模范机务中队”的资料文献，摘录部分文章，内容包括：“新夏北浩检查法”的来龙去脉，对“新夏北浩检查法”的介绍、内涵说明，学习、推广“新夏北浩检查法”的部分文章，“夏北浩模范机务中队”的先进事迹。

从粗读、翻阅的角度看，这十几本书有重复和冗余的地方，如果从研究的角度细读，这十几本书从不同的角度展现了夏北浩精神的不同方面，是对夏北浩精神各要素之间的相互联系、相互融合关系的阐述。

通过学习航空机务历史的相关会议文件，理解航空机务优良传统相关精神，消化航空机务优良维护作风的内涵和思想，收集夏北浩事迹、“夏北浩检查法”、夏北浩精神的文献资料，并对新产生的关于航空机务优良传统、优良维护作风、夏北浩的相关文章和书籍，将及时整理成册。

关于夏北浩的相关文献资料的收集整理工作还在继续进行中，在整理文献资料过程中，深深感到个人学习能力实在一般，对很多问题的理解不够深透，文字功底更是捉襟见肘，对很多内容的表达不够充分透彻，期盼更多航空机务的人一起来研究航空机务优良传统、优良维护作风，一起学习夏北浩的先进事迹，一起探寻“夏北浩检查法”的内涵，一起探索夏北浩精神的时代意义、作用，为航空机务工作的建设添砖加瓦，贡献力量和智慧。

牛强军

2024年1月22日于马兰

作者简介

牛强军

1969 年 9 月出生于河南新乡。

1987 年 10 月，入伍到兰州军区空军航空机务训练团，在夏都西宁度过冬、春、夏三季八个多月的新兵入伍军事训练、机务学兵专业学习的日子。

1988 年 6 月，分配到张掖第五飞行学院某团，在机务四中队任无线电员。在甘州戈壁深处，伴随着歼–5、歼教–5 飞机的轰鸣声，度过了两年多航空机务一线保障维修的生活。

1990 年 8 月，考入位于信阳的空军第一机务专科学校，在申城豫风楚韵中，度过了三年紧张有序、感怀终生的军校时光。

1993 年 7 月，毕业留校任教。在鄂豫皖革命老区的红色暖风中，踏着老八校前辈的足迹，赓续一航院传统，至今。

蓦然回首，恍觉半生，航空机务早已融入血脉筋骨。三十多年机务生涯，亲历了航空装备更新换代、航空技术飞跃发展、维修保障模式的探索创新。从机务新兵到机务老牛，在航空机务发展的历史长河中，不断汲取养分，在岁月的春华秋实里，砥砺前行。